IM AUFTRAG MEINER SEELE

MENSCHEN IM KONTAKT MIT IHRER ESSENZ

IM AUFTRAG MEINER SEELE

MENSCHEN IM KONTAKT MIT IHRER ESSENZ

ASTRID REINKE

Bibliographische Information der Deutschen Nationalbibliothek:

Die Deutsche Nationalbibliothek verzeichnet diese Publikation in der Deutschen Nationalbibliothek; detaillierte bibliographische Daten sind im Internet über die dnb.dnb.de abrufbar.

© 2019 by Astrid Reinke Berlin

www.kreatives-leben-therapie.de

info@kreatives-leben-therapie.de

Herstellung und Verlag: BoD – Books on Demand, Norderstedt
ISBN: 9783746024721

Lektorat: Sabine Konwischer

Umschlaggestaltung: Umschlagmotiv und Autoren Foto von SHOTS OF ART: Fotografin: Lotta, Stylistin: Samantha

IN TIEFER DANKBARKEIT

FÜR MEINEN MANN JOACHIM,
MEINE SÖHNE
ROBERT UND RICHARD,
MEINE SCHWIEGERTÖCHTER
JANINA UND PATRICIA
UND MEINE ENKELKINDER.

FÜR ALLE MEINE
SEELENGEFÄHRTINNEN
UND -GEFÄHRTEN,
OHNE DEREN UNTERSTÜTZUNG
UND DEREN ZUSPRUCH DIESES BUCH
NIEMALS ENTSTANDEN WÄRE.

JA, DU
WEISST SCHON,
DASS DU GEMEINT BIST.

GANZ HERZLICHEN DANK

Inhaltsverzeichnis

IV

Vorwort

Und alles beginnt mit einer Tasse Tee. Spüren beginnt immer mit Ruhe, mit dem Rückzug aus der geschäftigen Welt des Alltags. Das ist nicht so einfach, wie es sich anhört. Es beginnt mit Mut. Dem Mut zur Muße, zum Ankommen im Moment ohne Erwartungen. So beginnt der Start dieses Buches bei einer Tasse Tee. Eine Tasse Tee, die möglich geworden ist, weil eine starke Erkältung in der Zeit zwischen den Jahren endgültig die Idee zerschlagen hat, einfach zu schreiben, wenn sich ein Wochenende oder Feiertagen bieten. Während ich also gezwungen bin, wegen eines hohen Fiebers das Bett zu hüten, stärkt sich in mir die Erkenntnis, dass eine „gesellschaftsfähige" Fassung meiner ersten Buchidee niemals in meinem normalen Alltagsgeschehen wird wachsen können. Also nutze ich diese Ruhepause, um mit meiner Seele in Kontakt zu treten: *„Ich könnte dieses Projekt einfach loslassen. - Es gibt viele Bücher, die sich mit ähnlichen Themen beschäftigt. - Warum also ich? - Mein Bedürfnis nach Selbstdarstellung ist ausgesprochen gering. - Nach rund 40 Jahren Arbeit mit Menschen, nach dem Geschenk von ihnen und mit ihnen lernen zu dürfen, ist Lernen zu einem Grundbestandteil meines Lebens geworden. - Ist jetzt das Lernen ein Buch zu schreiben angesagt?"*

Heute begleite ich Menschen in schwierigen Zeiten ihres Lebens. Gerade diese schwierigen Zeiten gewähren den Raum, in dem es für alle Menschen möglich wird, mit ihrer Essenz in

Kontakt zu treten, mit dem Kern ihres Selbst, der vollkommen zeit- und ortsunabhängig ist. Und genau das ist es, was Menschen hilft, aus diesen schwierigen Lebensphasen hervorzugehen wie Phönix aus der Asche. Und auch dieser Prozess beginnt zumeist bei einer Tasse Tee – zur Eröffnung der gemeinsamen Arbeit in meiner Praxis.

Menschen, die im Allgemeinen keinen Tee trinken, fangen an, diese Tasse Tee zu genießen. Natürlich wäre auch jedes andere Getränk möglich. Doch nach kurzer Zeit ist es eben doch meist diese Tasse Tee.

Eine Tasse Tee kann man in den Händen halten. Man kann ihre Wärme in den eigenen Handflächen spüren, bevor man dem Bedürfnis folgt, den ersten Schluck zu trinken.

Wenn ein Mensch beginnt, diese Wärme zu spüren, kann er nicht gleichzeitig all das Leid spüren, das seinen Alltag gerade jetzt in diesem Moment schwierig macht. Dies geschieht ganz automatisch. Diese Pause bewusst erlebt, kann der erste Schritt sein. Ein erster Schritt aus der Dunkelheit ins Licht. In das Licht, das in uns allen wohnt. In das Licht, die Weite, die Geborgenheit und Liebe, nach der sich alle Menschen sehnen. Das alles findet jeder Mensch in sich selbst. „Es" ist auch in Ihnen, während Sie dieses Buch lesen.

Warum also ich? Wird zu der Frage: „Warum also Sie?" Sie, die Sie sich auf den Weg machen, um zur Seelensucherin oder zum Seelenforscher zu werden. Und Sie, die bereits Seelenentdecker sind.

Ich bin zwar diejenige, die diese Wörter hier aneinanderreiht. Ich bin diejenige, die die folgenden Erfahrungen eingesammelt hat. Geschrieben in das Buch des Lebens haben sie andere Menschen. Menschen, die mir erlaubt haben, ihre größten Nöte und ihre größten Freuden zu teilen. Gemeinsam sind wir den Spuren der Seele in den inneren Raum des jeweiligen Menschen gefolgt. Diese Menschen haben dem KRELETH®Weg beim bewussten Atmen, in kreativen Trancen, der Erfahrungen des universellen Seins in zeit- und raumloser, schöpferischer Bewusstheit, den Feinschliff gegeben. Gemeinsam haben wir so Werkzeuge geschmiedet, die sich im Kampf mit den alltäglichen Schwierigkeiten und inneren Ungeheuern des Lebens bewährt haben. Mein wesentlicher Anteil ist die Bewusstmachung und das Training beim Benutzen dieser Werkzeuge auf den einzelnen Etappen des KRELETH®Weges. Also machen wir uns gemeinsam auf den Weg die Seele zu erspüren.

Sophia und René, denen Sie hier in den Texten begegnen werden, sind fiktive Figuren. Ich habe diese Charaktere zusammengebastelt. Sie sind ideale Seelenforscher. Um die Intimsphäre meiner Klienten zu schützen, beschreibe ich hier fragmentarisch Wege zum Kontakt mit der eigenen Seele, die Menschen vor Ihnen tatsächlich gegangen sind. Es sind gelebte Pfade zur universellen Bewusstheit und zum Seelenkontakt, die verschiedene Menschen, parallel und gleichzeitig auf dem Weg zu ihrem eigenen inneren Licht für Sie, liebe Leser und Leserinnen, vorausgegangen sind. Sie finden also Spuren, denen Sie getrost folgen können. Diese Wege haben bereits zum Ziel geführt. Vielleicht passiert es Ihnen, dass in Ihnen ein Gefühl entsteht, welches Sie aus Ihrem eigenen Leben kennen, dass Ihnen Verhaltensweisen begegnen, die Ähnlichkeiten mit Ihnen aufweisen. Dann wissen Sie: Sie gehören dazu. Sie besitzen alles, was Sie brauchen, um den Weg Ihres Lebens in einem guten Kontakt mit Ihrer eigenen Seele fortzusetzen.

Alles, was jetzt wirklich wichtig ist, ist Entschlusskraft, Mut und ehrliches Bemühen. Das seelenorientierte Wandern auf dem KRELETH®Weg ist trainierbar und gehört zu den grundlegenden Fähigkeiten von Menschen. Das Beste ist, Sie haben diese Methode bereits praktiziert!

Können Sie sich erinnern? Da gab es doch diesen einen Tag in Ihrem Leben, als alles noch nicht so geschäftig war. Damals, vielleicht als Sie noch ein Kind waren. Sie saßen da, und blickten aus dem Fenster, der Regen klopfte gegen die Scheiben und Sie schauten hinaus. Erst sahen Sie missmutig nur die graue Welt da draußen. Dann bemerkten Sie interessiert die Wassertropfen, die glitzernde Pfade hinterlassend, ihren Weg an der Fensterscheibe nach unten fortsetzten. Während Sie so da saßen, kehrte sich ihr Blick nach innen ... Sie träumten ... so sagten jedenfalls die Erwachsenen dazu. Es wurde ruhig in Ihnen. Vielleicht ... tauchten ein paar Gefühle auf… auch sie zerrannen so schnell wie die Regentropfen an der Scheibe… Pause… Leere… und ohne jede Vorbereitung war *es* da, *dieses* jetzt zieht es mich ganz genau dort hin. An diesem Nachmittag verspürten Sie

16

große Lust eine kuschelige Höhle zu bauen, mit ihren Stofftieren zu spielen... Und schon ging es los. Nicht nur der Nachmittag – auch Sie waren gerettet ... Ende der grauen „Regenzeit".

Wie das genau funktioniert. Wie Sie diese Pausen und diese Leere bewusst erschaffen können, wie Ihre Seele diese Schnittstelle als Treffpunkt mit Ihnen nutzt und wie Sie in eine Bewusstheit gelangen, aus der ganz von selbst eine befriedigende, friedvolle und erfüllende Gestaltung Ihres Lebens fließt, erfahren Sie, bei der weiteren Lektüre dieses Buches.

Ich habe dieses Buch weitestgehend im innigen, eigenen Seelenkontakt geschrieben. In diesem Kontakt findet Erkennen unmittelbar statt und folgt nicht dem sonst linearen Weg des Denkens. Das heißt, die einzelnen Kapitel haben immer eine tiefere Intention. Der Weg zum Ziel lässt jedoch die Türe offen für hilfreiche Einschübe und zusätzliche Erkenntnisse. Der Bewusstseinsstrom, den wir Seele nennen und aus dem dieses Buch gewissermaßen an Land gestiegen ist, hatte Stromschnellen und Seitenarme. Die Seele ist die einzige Brücke zum universellen Bewusstsein, die ich kenne und jedes Kapitel führt Sie ein Stückchen weiter zu Ihrem eigenen Seelenkontakt.

Mögen Mut zur Muße, Entschlusskraft und Selbstliebe mit Ihnen sein.

Noch eine Anmerkung:

Selbstverständlich richtet sich dieses Buch an weibliche und männliche Leser gleichermaßen. Wenn ich von nun an die männliche Anredeform benutze, so geschieht dies allein aus

Gründen der leichteren Lesbarkeit. Ich bitte hier um das großzügige Wohlwollen meiner geschätzten Leserinnen.

1. Habe ich aufgehört, meine Essenz wahrzunehmen?

„Kinder wechseln die Ebenen zwischen grobstofflicher irdischer Welt und der feinstofflichen Astralwelt bis zum Alter von 5 Jahren noch täglich. Ihre Seele macht häufig noch Heimaturlaub, bis sie ganz im menschlichen Körper zu Hause und hier auf dem Planeten Erde angekommen ist." Worte meiner spirituellen Lehrerin Fr. Dr. Brenda Davies, die ich im Jahr 2003 hörte. Die Therapeutenausbildung an der International School of Spiritual Healing and Development, die Brenda zu dieser Zeit durchführte, hat mein Bewusstsein vom feinstofflichen Wesen des Menschen in erfreulichem Maße erweitert.

Als Kind kannte ich die Entwicklung des menschlichen Bewusstseinsstroms noch nicht. Dennoch begleitete ich meine Mutter, noch lange bevor ich in die Schule kam, gerne am Sonntagmorgen in die 8:00h Messe. Der Rest der Familie schlief häufig noch. Manchmal wollte sie mich nicht mitnehmen. Sie beklagte sich, dass sie spät dran sei und ich ihr zu langsam liefe. Dann protestierte ich lautstark. Ich erklärte ihr, dass ich dort hinmüsse, um mich mit Gott zu unterhalten. Ebendiesen Zusammenhang, fand meine noch kindliche Persönlichkeit.

Was passierte damals? Ich saß still in der Bank, versank … in mich selber?! Meist bewegte ich mich nicht mehr viel. Vollzog die rituellen Bewegungen der Gemeinde eher automatisch mit, interessierte mich sonst nur für die Magie des Raumes, der mich umgab. Regelmäßig stellte sich in mir das Gefühl des Angekommenseins ein. Was genau in dieser Zeit geschah, kann ich heute nicht mehr sagen. Nur, dass ich mich im frühen Kindesalter gerne im Kirchenraum aufhielt und ihn zufrieden wieder verließ ... in Frieden mit mir selbst und der Welt um mich herum. Schließlich bemerkte mich der Pfarrer. Er lud meine Mutter und mich zu ein paar Gesprächen ein. Gemeinsam kamen sie auf die Idee, dass ich für mein Sein mit Gott, den kirchlichen Segen erhalten sollte. Ich bekam die Frühkommunion und die Teilnahme am Gottesdienst musste nicht mehr erkämpft werden. In diesen Stunden führte ich keine Dialoge im herkömmlichen Sinn. Meine kindliche Seele hatte noch einen natürlichen Zugang zu etwas, das größer ist als ich und das ich den „Urgrund allen Seins" nennen möchte. Wenn ich mich heute an erste allumfassende Erfahrungen erinnere, stellen sich in mir angenehme, weite Empfindungen ein. Kennzeichnend für jenes Erleben der Rückanbindung, ist das Gefühl des bedingungslosen Dazugehörens im Verein mit tiefem Frieden und grundloser Freude.

Der Kirchenvater Lactantius führte la religio um 1850 auf das lateinische Verb la reguläre, anbinden, festhalten, an etwas festmachen" zurück. Religion wäre nach dieser Darstellung die Rückanbindung an einen von Menschen an- beziehungsweise wahrgenommenen göttlichen Urgrund.

Später erfuhr ich im Rahmen meines Lehrerstudiums von der Phase des magischen Denkens im Lebensalter von 3-5 Jahren, die die Entwicklungspsychologie beschreibt. (Vgl. R.Oerter S.316). Erklärt wird diese Reifungsstufe dort damit, dass die Unterscheidung zwischen Ich und Außenwelt noch nicht konsequent erfolgt sei. Das Ich eines Menschen bilde sich im Spiegel der äußeren Welt. Es stellt also in gewisser Weise die individualisierte Kopie der dem Kind angebotenen Muster der Eltern und Bezugspersonen eines jeden Heranwachsenden dar. Ich möchte in der Seele die individualisierte Kopie des Urgrunds allen Seins sehen.

In meiner Kindheit spielte ich mit Freundinnen und Freunde häufig so intensiv, dass wir unsere Umgebung völlig vergaßen. Wir wurden zu Tiefseeforschern, Schatzsuchern und Lazarettärzten, um nur einige Spielwelten zu nennen. In all diesen Phantasiewelten erlebte ich berührende Friedenserfahrungen. Meine Spielkameraden waren nicht immer einfache Menschenkinder. Dennoch verschmolzen alle Gegensätzlichkeiten bei der Bewältigung gemeinsam vorgestellter Herausforderungen. Wir tauchten mit dem U-Boot in die Meere, kämpften gegen Kraken und entdeckten längst vergessene Fische. Dabei erfuhr ich Einheit. Ich begegnete mir selbst und meinen Kameraden ohne Vorbehalte. Wir schöpften Spielwelten tief aus unserem Inneren und bewältigten die Konflikte des Lebens auf diese imaginäre Weise im intensiven Seelenkontakt miteinander.

Jahre später traf ich ebendiese „beste Freundin" meiner Kindertage zufällig in einer fremden Stadt. Sie kam geradlinig in der Fußgängerzone von Augsburg auf mich zu und fragte mich nach dem Namen. „Schön, dich einmal wieder zu sehen. Ich habe meiner eigenen Tochter viel von dir erzählt. Leider hat sie selbst nie eine Freundin gefunden, wie wir es damals waren. Wie dein Etagenbett zum U-Boot wurde, werde ich niemals vergessen," meinte sie mit einem verschmitzten Lächeln. „Und auch nicht den entgeisterten Blick deiner Mutter, als sie erstaunt fragte, wie denn der große Kreis an die Zimmerdecke gekommen sei. ... Weißt du noch: „Notausstieg!! versicherten wir beide wie aus einem Munde." Wir lachten immer noch begeistert und verbrachten eine nette Zeit voller Erinnerungen, bis sich unsere Wege wieder trennten.

Mit vielen Klienten, besonders den kleinen, habe ich seitdem das heilsame therapeutische Mittel des Versinkens in einer selbst erschaffenen Welt erprobt. Was mir als Kind der Leerraum des Kirchenraumes ebenso wie die freien Spielzeiten bot, dürfen andere heute bewusst inszeniert erleben. Problembelastete junge Menschen leben sich in imaginäre Orte ein und lösen ihre Konflikte scheinbar spielerisch aus dem Kontakt mit ihrer inneren Weisheit heraus. Lösungen treten zutage, die vorher nicht einmal vorstellbar sind.

In diesem Zusammenhang erinnere ich mich an Jonathan. Er ist gerade 4 Jahre alt geworden, als ihn mir die besorgten Eltern vorstellen. In der Kita fällt er zum einen durch ausgesprochen phantasiereiche Spielaktivitäten auf und zum anderen durch eine ständige Unruhe, die ihn häufig nur schwer in den Mittagsschlaf finden lassen. Wir beginnen wunschgemäß jede Stunde mit einer gemeinsamen freien Spielzeit, die er zunehmend genießt. Bald bringt er meist eine große Tüte mit Figuren und Tieren mit in die Sitzung. Egal, wie wir unsere Spielwelten gestalten, sie enden immer gleich. Jedes Mal bauen wir schließlich aus Bausteinen einen Essbereich auf. Jemand kocht mit viel Begeisterung das Mittagessen und ruft die jeweilige Phantasiefamilie zum Esstisch. Wie friedlich die Mahlzeit auch beginnt, sie endet, indem Jonathan scheinbar ohne ersichtlichen Grund mit den Füßen oder einer energischen Handbewegung den gesamten Aufbau zerstört. Ich frage auch nie nach einer Ursache, sondern räume mit einem nach innen blickenden Kind die

Spielsachen auf. Seine Augen finden schließlich die Bastelmaterialien, die ich für ihn auf den Tisch gestellt habe. Während wir schneiden, tuschen oder kleben, erzählt er mir vom Streit mit seiner Schwester oder Abenteuern mit Freunden. Bei unserem vierten Treffen schaut er mit beim Malen plötzlich direkt ins Gesicht: „Weißt du, mein Tiger möchte manchmal nicht in die Kita. Er will lieber zu Hause bleiben und aufpassen, dass dort nichts Schlimmes passiert."

„Hast du Angst, dass zu Hause etwas passiert, was du nicht willst, wenn du weg bist?"

„Nein, ich doch nicht. Nur mein Tiger."

„Was glaubt denn dein Tiger, dass da so schlimmes passieren kann?"

„Na, das zeige ich dir doch schon die ganze Zeit. Er denkt, dass alles kaputt ist, wenn er nach Hause kommt."

Die Gespräche mit den Eltern deuten auf eine Ehekrise hin, von der sie glauben, dass Timo davon gar nichts bemerke. Jetzt können sie die seelische Notlage wahrnehmen, in der sich ihr Kind aufhält. Jonathans spielerische Klarheit gibt endlich den Anstoß zu einer Therapie. Denn, dass auf einmal *„alles kaputt ist, wenn er nach Hause kommt"*, wollen sie natürlich auch nicht.

Erst nachdem Jonathans Seele vertrauensvoll in unserer gemeinsamen Zeit ankommt, kann sie den eingeräumten Leerraum benutzen, um sich so zeigen, dass ich das Kind auf Seelenebene erkenne. Ich bin von seinem tiefen Schmerz und all seinen Ängsten so berührt worden, dass ich dieses Gefühl umgehend an seine Eltern weiterreiche. Auch ihre Essenz versteht augenblicklich, wie ernst die Lage schon ist.

Solch ein Seelenkontakt schafft immer ein erweitertes Bewusstsein, das im Kern auf Frieden ausgerichtet ist. Im Kontakt mit unserer Seele können wir gleichsam über eine Brücke gehen, die uns mit dem universellen Bewusstsein verbindet. Ein höheres Bewusstsein kann das Chaos annehmen und in die Einheit führen.

Nicht nur die Entdeckung der Seelenkraft im weiten Raum des freien Spiels brachte ich aus Kindertagen mit. In der Kinderzeit hatte ich ein besonderes Gespür für das, was mir guttat. Ich war selten krank und wenn ich doch einmal erkrankte, so schlief ich mich nach den Aussagen meiner Mutter gesund. Jedes helfen wollen empfand ich eher störend. Ich suchte vor allem Ruhe, rollte mich in der unteren Etage des Doppelstockbettes, das ich mit meinem älteren Bruder teilte, zusammen und schloss die Augen, trank, aß wenig. Eines Morgens wachte ich auf und interessierte mich wieder für die Umgebung. Da ich mit drei Geschwistern aufwuchs, hatte ich das Glück, dass die übrigen Kinder meist so viel Aufmerksamkeit der Eltern forderten, dass ich in Ruhe eigene Wege gehen konnte, ohne allzu viel er... zogen zu werden. Bildlich gesprochen bedeutet dies, ich wurde nicht so häufig aus meiner Mitte, aus dem liebevollen Kontakt mit meiner Essenz ge...zogen.Nach dem Schulabschluss nannte ich es inneres Wissen, und lebte mit einem für meine Kommilitonen oft bemerkenswerten eigenen Kompass. Ich erkannte sehr genau, dass ich Lehrerin sein wollte, und bewarb mich nur an einer Ausbildungsstelle mit der ersehnten Fächerkombination. Die Pädagogische Hochschule forderte pflichtgemäß zwei unterschiedliche Kombinationen. Ich schrieb einfach: Deutsch und Kunst sowie Kunst und

Deutsch. Sollten sie damit machen, was ihnen gefiel. Ich erhielt den Studienplatz wunschgemäß. Nach Beendigung des Studiums kam ich ohne Unterbrechung ins Referendariat, obwohl in Berlin ein großer Stellenmangel herrschte. Für viele meiner ehemaligen Kommilitonen folgte eine lange Phase der Lehrerarbeitslosigkeit. Ich rutschte gerade noch hinein, in diese Tätigkeit, die mir derzeit so am Herzen lag.

Sehr geradlinig verfolgte ich berufliche und private Ziele. Ich heiratete sehr früh, im Alter von 21 Jahren, den Mann, mit dem ich heute noch in Liebe verbunden bin. Mit 22 Jahren trug ich die Verantwortung einer anleitenden Lehrerin, selbst noch Referendarin des Lehramtes ... wurde durch die Geburt meiner zwei wunderbaren Söhne beschenkt ... baute ein Haus ...

Und dann waren die Knoten da. Ich erkrankte häufiger, war zuweilen völlig verstrickt in Aufgaben und Zuständigkeiten. Hatte Erfolg, bekam Anerkennung und liebevolle Zuwendung ... verlor aber immer mehr den Kontakt zum individuellen Wegweiser, meiner Seele. Es gab nur noch wenige Zeiten der Stille oder für den Weg nach innen. Mein innerer Kompass verstaubte. Stattdessen etablierte ich eine Orientierung nach außen. Funktionieren erschien mir wichtiger als jegliches Andere. Eine hohe Identifikation mit dem, was ich leistete, nahm Raum: Rollen über Rollen, Ehefrau, Mutter, Lehrerin, Hausfrau, Freundin, Schwester ... später Künstlerin ... um nur einige zu nennen. Mein Ich unter der Leitung eines bewusst steuerndes Egos stand im Mittelpunkt meines Lebens. Ein Ego, das sich in erster Linie über die Kanäle des Verstandes speiste und das zunehmend die Kontrolle über alle Lebensbereiche bekam.

Konflikte entstanden, fast erschien es unmöglich, alle Funktionen miteinander zu vereinbaren.

Ich lebte nicht mehr aus einer Ganzheit heraus. Ich teilte mich selbst in immer kleinere Stücke, um den Anforderungen des jeweiligen Moments gerecht werden zu können.

Funktionieren, Erfolg, Vorstellungen ... stellten sich dazwischen. Ich verlor den Kontakt zu meinem Kern, zur Seele.

Kennen Sie das Gefühl zerrissen zu sein zwischen Verantwortungen, die sich scheinbar nicht vereinbaren lassen?

Kennen Sie das laute Geschrei von hell schillernden Idealen, die erfüllt werden möchten?

Haben Sie erfahren, wie schmeichelhaft Anerkennung einen Weg in immer höhere Anforderungen ebnet?

Wer oder was bestimmt Ihren Lebensweg?

Da lässt sich erst einmal das lautstarke Gebrüll der grundlegenden Bedürfnisse vernehmen: Schlafen, Essen, ein Dach über dem Kopf und Sexualität.

Seit Einführung der Grundsicherung bräuchte niemand mehr in Deutschland über den einfachen Fortbestand seiner Existenz nachdenken und die pure Befriedigung sexueller Wünsche erscheint so problemlos wie nie zuvor.

Ich möchte im Urlaub nach Neuseeland fliegen.

In der Schule tragen alle nur Markenklamotten.

Zum Abitur schenken wir unseren Kindern selbstverständlich auch ein Auto.

Bei mir steht noch eine Weltreise auf der Wunschliste.

Nur ein Eigenheim sichert heutzutage das Alter finanziell angemessen ab.

Und jetzt will ich mein heiß ersehntes Wunschkind bekommen.

Woher kommen all diese den Lebensweg des Menschen bestimmenden Wünsche, Bedürfnisse oder Gedanken? Entstehen sie im Spiegel der Mitmenschen? Hat hier die Orientierung an „den anderen" die Oberhand?

Ich bin viel zu dick.

Ich bin zu dünn.

Ich bin mit Sicherheit hochbegabt.

Ich bin hyperaktiv.

Ich stehe kurz vor dem Burn-out.

Ich leide unter Depressionen.

Finden Menschen solche Überzeugungen in sich selbst oder wachsen sie aus den Darstellungen einer Statistik? Sind sie das Ergebnis einer intensiven Internet-Recherche? Findet hier eine Orientierung nach der schier unendlichen Auswahl normierender, standardisierter Informationen statt? Und wer um Gottes willen ist dieses „Ich"?

Meine Karriere steht vor dem Endpunkt.

Meine momentane Beziehung taugt nichts mehr.

Alle meine Bemühungen haben sich nicht gelohnt.

Auch jene zum Wort gewordenen inneren Überzeugungen haben Sie vermutlich schon häufig gehört oder selbst empfunden. Wie oft jedoch wird das Ende der Anfang für etwas wunderbares Neues oder im freien Fluss des Lebens beginnt Altes wieder zu blühen.

Menschen gehen sehr unterschiedlich mit dem Wandel alles Lebendigem, den Strömen des Daseins um.

Welcher Typ sind Sie?

Lassen Sie sich treiben und genießen die Schätze, die am Ufer auftauchen, ergreifen Gelegenheiten und betreten gegebenen Falls auch mal das Land, ganz so, wie es Ihnen richtig erscheint? Und, wenn Sie dies alles mit „Ja" beantworten können, woher wissen Sie, wann es Zeit ist, aus dem bekannten Gewässer zu steigen?

Versuchen Sie, das Ufer zu begradigen, Stromschnellen zu umfahren, behalten Sie immer Kontakt mit dem Ufersaum? Gleiten Sie also gewissermaßen mit angezogener Handbremse auf dem Fluten dahin? Wozu dem vertrauten Wasser entsteigen, wenn man doch alles vom Boot aus besichtigen kann? Ist Ihr Ziel das Meer und die Wasserstraße nur ein notwendiger Weg dorthin? Und, wenn „Nein", wie oft haben Sie bereits den gewohnten Fluss verlassen und woher kam der Antrieb dazu?

Rudern Sie gegen den Strom? Reizt es Sie, die Quelle zu erkunden, aus der das Wasser kommt? Ist Ihnen keine Mühe zu groß, um Ihren Entdeckungshunger zu stillen? Wollen Sie allem auf den Grund gehen? Und wenn „Ja", woran orientieren Sie sich auf dem Weg dorthin und warum wählen Sie genau diese Richtung?

Solche bildhaften Beispiele mögen genügen, um zu verdeutlichen, dass Menschen einen Kompass nach Innen und nach Außen gleichermaßen benötigen, um sich gesund, erfolgreich und voller Freude zu entwickeln, und das ein ganzes Leben lang.

Im Lebensprozess durchlaufen wir verschiedene Entwicklungsphasen, in denen sehr unterschiedliche Anforderungen an uns gestellt werden. In Phasen des materiellen Aufbaus eines grundsätzlichen Wohlstandes orientieren sich die meisten Menschen stark nach außen. Erreichen Ausbildungsziele, beginnen eine Karriere, gründen eine Lebensgemeinschaft, arrangieren sich mit all dem und stellen fest, dass sie immer noch suchen; dass auch die wiederholte Beförderung neben den anwachsenden Besitztümern die abhandengekommene Ganzheit aus den Kindertagen nicht zurückbringen kann. Spätestens zu diesem Zeitpunkt treten alte Fragen nach dem verlorengegangenen oder nie gekannten Gefühl des Glücks wieder auf.

Wenn alles nicht so glattgeht, beginnt die Suche häufig mit einer einschneidenden Krankheit, dem Verlust eines geliebten Menschen oder einer geschätzten Arbeit. Immer, wenn all die Erklärungen des Verstandes die inneren Fragestellungen nicht befriedigend beantworten können, setzt ein Forschen nach etwas ein, mit dem wir einmal vertraut waren oder nach dem wir uns bereits als Kinder gesehnt haben.

Hier möchte ich Ihnen Sophia vorstellen. Sophia wird Sie durch dieses Buch begleiten. Es ist gewissermaßen ihr Lebensweg, den ich für Sie nachgezeichnet habe. Sophia ist, wie sie längst wissen, keine körperlich existierende Frau. Sie ist die ideale Seelensucherin. Wie es in jedem Menschen es eine Vielzahl Persönlichkeitsaspekte gibt, die alle bestenfalls in liebevoller Harmonie miteinander die Ganzheit der real erlebten Person ausmachen, so ist Sophia geboren worden, in dem ich die Essenzen vieler Frauen, die den Kontakt mit ihrer Seele gesucht haben, gewissermaßen übereinandergelegt habe. Diese Gesamtheit habe ich fürsorglich in meine Kreativität eingehüllt und jetzt steht Sophia strahlend im Mittelpunkt des Buches. .... Ein wenig später bekommt sie einen Kollegen. Rene´, ebenfalls leidenschaftlicher Seelenforscher, wird im Folgenden auf den Buchseiten erscheinen.

„Ich erinnere mich noch sehr genau", erzählte mir Sophia mit einem träumerischen Blick in einer unserer ersten Sitzungen. „Ich war noch ein kleines Mädchen und lief über eine Sommerwiese. Das Gras reichte mir bis zu den Knien. Ich hatte ein buntes Sommerkleid an und wenn ich einen Fuß nach vorn setzte, bewegten sich die Gräser in alle Richtungen. Manchmal scheuchte ich einen Grashüpfer auf oder eine Libelle flog mir fast ins Gesicht. Es begann schon leicht zu dämmern und ich wollte Junikäfer fangen. Nur einfach so, um sie über meine Arme krabbeln zu lassen. Meine Eltern saßen etwas entfernt mit Freunden auf einer Decke und lachten miteinander. So leicht, so frei und so ganz wie damals möchte ich mich wieder fühlen."

Das sichere Gefühl in ihr, dieses Loslassen zu dem Sophias kindliches Selbst fähig war, haben die meisten Erwachsenen gewisser Maßen verbummelt. Da gibt es ein unablässiges Wollen, das dem Weg seine Richtung gibt. Doch auch der vollständige Weg zum Ziel ist kostbare Lebenszeit. Ein Weg, bei dem die Wahrnehmung nach innen und nach außen gleichzeitig möglich bleibt. So wird der Weg das Ziel.

„Und", frage ich, „haben Sie einen Junikäfer gefangen?"

„Ich erinnere mich an das kitzlige Kratzen der Beinchen der Junikäfer, wenn sie meinen Arm entlang gekrabbelt kamen. Ob ich an dem Abend wirklich einen Junikäfer gefunden hatte, weiß ich gar nicht mehr. Das ist auch nicht wirklich wichtig. Geblieben ist mir dieses einprägsame Gefühl genau am richtigen Ort und mit allem verbunden zu sein. Tief verbunden mit den Menschen, die ich liebte und der Welt um mich herum. Das war Glück, ganz egal ob ich einen Junikäfer fand oder nicht."

Die Wahrheit, die Sie aus jeder Perspektiven wahr empfinden, stellt ein sicheres Erkennungsmerkmal dar, wenn Sie mit Ihrer Seele und Ihre Seele mit allem verbunden ist. Ein Weg, der Ihnen momentan vielleicht etwas zugeschüttet erscheint. Erlebt haben alle Erdenbewohner solche Momente. Ganz ohne so ein Futter für ihre Essenz werden Menschen krank und verlassen diesen Planeten wieder. Schauen wir in das Etymologische Wörterbuch, so erkennen wir, dass Meer und See ursprünglich die gleiche Bedeutung hatten nämlich *die* See für das Meer und *der* See für das Binnengewässer. Im altgermanischen Bewusstsein ist die Seele die „zum See Gehörende". Unsere Vorfahren waren überzeugt, dass die Seelen der Neugeborenen aus dem See steigen und die Seelen nach dem Tod eines Menschen in den See zurückkehren. Nach heutiger Auslegung kommen dafür das Meer und der Binnensee gleichermaßen infrage. Das aktuelle westliche Verständnis von Seele wird stark durch das Christentum geprägt. In weltlicher Hermeneutik bedeutet es jedoch einfach „das Innere eines Dinges". Bereits seit dem 16. Jahrhundert gibt es die Wortbedeutung „entseelt" für tot. Erst mit dem 17. Jahrhundert entsteht die Auslegung des Wortes „beseelt" für lebendig. Ebendieses Angebot einer Metapher werde ich später benutzen, um Ihnen die Möglichkeit zu geben, in den magischen See Ihre Seele einzutauchen.

2. Mit dem ersten Atemzug verbinden sich Körper, Geist und Seele

Wenn neues Leben entsteht, verschmelzen Ei- und Samenzelle. Für mich ist dies der Moment, in dem die Materie beseelt wird. Der Liebesakt wird ein schöpferischer, wenn beide Zellen einander finden. Eine neue Kreation formt sich und wird beseelt. Bildet sich kein Kind, so haben sich im besten Fall Mann und Frau gefunden und sind auf Seelenebene immateriell verschmolzen. Auch dies führt zu einem tiefen Gefühl von Ganzheit und Frieden, wie ich es oben beschrieben habe. So kann liebevolle Erotik zu einer nachhaltigen spirituellen Erfahrung werden.

Um den nächsten Schritt des Verständnisses mit Ihnen gehen zu können, muss ich Sie in die Welt der kleinsten Teilchen entführen. Substanziell betrachtet, haben wir Menschen im eigentlichen Sinne gar keinen festen Körper. Unser Leib besteht aus Zellen, diese wiederum aus Molekülen und diese aus Atomen. Betrachten wir diese Atome mikroskopisch, so erkennen wir dort winzig kleine Elektronen, die sich in einer unglaublichen Geschwindigkeit um einen Atomkern bewegen (wenn wir sie als Teilchen betrachten) und nur eine ungenaue Aufenthaltswahrscheinlichkeit besitzen (wenn wir sie als Wellen verstehen). Damit ein Atom stabil bleibt, und bei all der schwingenden Bewegung nicht auseinanderfällt, ist das Ganze so geregelt, dass sich diese kleinsten Teilchen durch ihre unterschiedlichen Ladungen anziehen und die Atome bedingt durch ihre Bahngeschwindigkeit einen Abstand zum

Kern halten. Jedes Atom bewegt sich permanent in der ihm eigenen Frequenz, was nur für das menschliche Auge, das solche mikroskopischen Verschiebungen nicht wahrnehmen kann, fest wirkt. Die fünf Sinne des Menschen, hören, sehen, riechen, tasten, schmecken helfen bei der Außenwahrnehmung. Die atomaren Vorgänge lassen sich so nicht erfassen. Der Gleichgewichtssinn ist uns die sechste Hilfe der Orientierung in der Welt der materiellen Dinge.

Jedes Atom schwingt fortwährend, was unsere äußere Wahrnehmung jedoch nicht erfasst. Aber nicht nur der menschliche Körper ist in immerwährender innerer Bewegung, um uns herum existieren weitere schwingende Felder, die wir mit den 6 Sinnen nicht erfassen können. Wir benutzen Formen der Informationsübertragung am Computer, im Bereich des Fernsehens und der Handybenutzung, die alle mit fein justierten Frequenzen (Schwingungen) arbeiten, völlig selbstverständlich. Wenn sich Menschen in verschiedenartigen Bewusstseinszuständen aufhalten, wie schlafen, joggen, meditieren oder mathematische Gleichungen lösen, nutzen sie ihre Gehirne in unterschiedlichen Schwingungszuständen. Das alles erleben Menschen ebenso selbstverständlich. Nur selten führt sie dies zu dem Bewusstsein, dass alles in uns und um uns herum sich in einem permanenten Zustand der Bewegung befindet.

Pramahansa Jogananda beschreibt die Inkarnation der Seele als eine Veränderung des Schwingungszustandes der Seele, die aus einer mit menschlichen Sinnen nicht wahrnehmbaren Ebene höherer Schwingungszustände kommt. Meist ist es die Astralebene selten die Kausalebene. Die Seele erlebt eine Transformation in die Welt der Dinge; der Tod löst diese Verbindung wieder auf. Die Schwingung des Körpers hört auf. Man könnte einen toten Körper mit Nahrung versorgen, sein Herz zum Schlagen anregen und ihn in die Sonne legen. Er wird nicht wieder beginnen zu leben. Die Seele löst sich vom Körper ab und kehrt in die Welt der Schwingung zurück. Der Bewusstseinszustand eines Menschen bestimmt die Schwingungsfähigkeit der Seele. So treten die meisten Seelen ihren Rückweg über die Astralebene an. Die Transformation führt sie weiter in eine Welt der Stille, der Schwingungslosigkeit. Das Null-Punktfeld wird als ein Bereich beschrieben, der gleichzeitig die absolut niedrigste Schwingung und damit Materielosigkeit aufweist und doch gleichzeitig die Energie besitz, ganze Universen zu erschaffen. (Vgl. Lynn Mc Taggert) Das Tao der Physik beschreibt das Nichts, aus dem wiederum alles entsteht. Die Schöpfung aus dem Nichts, das alles enthält... der Urgrund allen Seins ... das Nichts.

Pramahansa Hariharananda beschreibt in seinem Buch „Kriya Yaga" die spirituelle Anatomie des menschlichen Gehirns. In dessen Mittelpunkt steht die „Höhle Brahmans". Ein ätherischer Raum „wo sich Brahma, die schöpferische Kraft des universellen Geistes, auf dem Altar des individuellen Seelenfeuers (Krishna) manifestiert, das dort brennt und die Lebenskraft Prana entlang der Medulla, dem Kleinhirn usw. bis in alle vierundzwanzig grobstofflichen Körperelemente ausstrahlt. Die der Höhle gegenüberliegenden Drüsen, Hypophyse und (Epiphyse Verfasserin) Zirbeldrüse, sind der positive und negative Pol der Selbsterkenntnis: Sonne – Mond, Mann-Frau, ..." (Seite 16) Das heißt einfach ausgedrückt, dass sich die universelle schöpferische Kraft und die Kraft der Seele im Zentrum der Polarität des menschlichen Bewusstseins in einer Art Leerraum im Gehirn des Menschen treffen und gemeinsam das erschaffen, was das Individuum als seine Wirklichkeit erlebt.

„Das Kindheitsevangelium nach Thomas (abgekürzt KThom) gibt vor, „eine Reihe von Episoden aus der Jugend Jesu zu berichten"[1]. Es ist eine apokryphe Schrift, die sich in fast allen Apokryphensammlungen findet. Sie entstand vermutlich Ende des 2. Jahrhunderts.

Ihr Autor kann nicht endgültig identifiziert werden, wird a meisten Handschriften als „Thomas der Iraelit" angegeben. (Internetquelle; Wickymedia 2017)

Thomas berichtet, dass Jesus als Kind die kleinen Spatzen, die seine Spielkameraden aus Ton formten, zum Leben erweckt, indem er sie anhaucht. „Und er hauchte ihnen Leben ein." Eine Formulierung, an die ich mich noch aus den Kirchenbesuchen meiner Kindheit erinnere. Da mals erschien mir diese Erzählung aus der Apokryphensammlung völlig einsichtig, ein Bild, das von allen Seiten wahr ist. Gottes Sohn, der in der Verbindung mit dem Urgrund allen Seins steht, gibt einen Teil von sich. Er beseelt den Tonklumpen. Sein Atem hat die Macht Leben zu erschaffen. Die Seele ist ein Teil des Göttlichen. Die Kindergeschichte von Jesus beschreibt dies in einem Bild, das meine kindliche Seele sofort verstand. Die Bedeutung des bewussten Atmens für die Anbahnung einer tiefen Trance ist hier bereits angedeutet.

Für diesen Splitter Gottes möchte ich Ihnen noch eine weitere Form anbieten.

Die große Heilerin Dr. B. A. Brennen beschreibt die Seele als Wesensstern.

Dieser Wesensstern befindet sich auf der Mittellinie unseres Körpers, ungefähr 4 cm oberhalb des Bauchnabels. Er ist die Essenz unseres Seins und der Grund unseres Hierseins; das, was unwandelbar ist seit unserer Geburt.

Menschen mit übersinnlicher Wahrnehmung, die über die sechs Sinne hinausgeht, nehmen diesen Punkt tatsächlich als einen Stern wahr, der von innen nach außen strahlt. Dieser Stern ist für alle Menschen einzigartig und wunderschön. Auf dieser Ebene sind alle Menschen weise, voller Liebe und voller Mut. (Vgl. II S. 77)

Ich sehe in der Seele den göttlichen Funken in uns. Für mich ist sie ein individualisierter winziger Anteil des Göttlichen. Die indigenen Völker siedeln die Seele im achten Chakra, also oberhalb des höchsten Scheitelpunktes an. Dieser Ort verbindet die Essenz energetisch mit dem menschlichen Gesamtsystem und gleichzeitig mit dem universellen Bewusstsein. In Meditationen besuche ich meine Seele meist dort. Andere sehr erfolgreiche Heilerinnen, wie es z.B. Gundi Schachermaier ist, bei der ich eine für mich bedeutende Seelenkommunikation lernte, siedeln den Sitz der Seele etwas oberhalb des Herzens an. An all den beschriebenen Orten ist die Resonanz der Seele für mich wahrnehmbar. Als ein Bewusstseinsstrom hat sie nur eine Aufenthaltswahrscheinlichkeit ähnlich wie die Quanten. Sie finden selbst heraus, welcher Aufenthaltsraum für Sie am leichtesten spürbar ist. Weiterhin wichtig bleibt, dass der gottgleiche Funken uns an unsere schöpferischen Fähigkeiten und Möglichkeiten erinnert. Nicht nur das, er enthält sie tatsächlich, wie Sie erfahren werden. Er ist eine direkte Verbindung zum Urgrund allen Seins. Dieser Teil in uns ist unverwundbar. Durch schwierige Erlebnisse verhüllt sich die Seele in uns immer mehr. Das, was einst wie ein Stern leuchtete, kann schließlich eher wie eine Druse wirken, ein rundlicher Stein, der im inneren wunderschöne Kristalle verbirgt - von außen nicht mehr sichtbar. Zu jedem Reifungsprozess gehört die „dunkle Nacht der Seele", in der wir den Zugang zum göttlichen Teil in uns verlieren. Ein Zustand, in dem Menschen in ein Gefühl des „Abgetrenntseins" fallen.

Dies ist oft verbunden mit schweren Krankheiten oder/und emotionalen Schwierigkeiten. Eine Zeit, in der alle Geschöpfe sich ganz bewusst entschließen müssen, wieder in die Welt des „All-eins-Seins" zurückzufinden: in den Kontakt mit ihrer Essenz.

Aus Kinderaugen leuchtet mir die Seele häufig strahlend entgegen. Je mehr Zugang ein Lebewesen zu diesem Anteil in sich bekommt, desto lichterfüllter und liebevoller wird sein Wesen, umso konstruktiver sein Umgang mit sämtlichen Seiten des Seins und desto klarer zeigt sich ihm der Weg des eigenen Lebens.

Selbsterfahrungen und die Begleitung von Menschen durch Krisenzeiten haben in mir das Bewusstsein geschaffen, wie grundlegend wichtig die Entwicklung der Fähigkeit zur Kommunikation mit der Essenz ist. Ihre Seele hat die Verbindung zu der Ebene, aus der sie kommt, nie verloren. Es ist eine Ebene voller Liebe und bedingungsloser Annahme aller Aspekte des Seins. Die Seele kennt Gefühle von Angst und Einsamkeit oder Ausweglosigkeit nicht. Die Essenz gehört jeder Zeit zum großen Ganzen dazu. Viele Menschen haben den Kontakt zu ihrer Seele nicht gepflegt. Menschen jedoch, die es fertig bringen, die Verbindung zu ihrer Seele und damit zum großen Ganzen zu halten oder wieder aufzubauen, finden ständig zurück in einen tiefen Zustand von Liebe und innerer Sicherheit.

Aus einem solchen Bewusstsein heraus entstand dieses Buch. Die einzelnen Phasen der Vertiefung des Seelenkontakts haben sich in meinem eigenen Leben entwickelt und wuchsen schließlich mit den therapeutischen Werkzeugen zusammen. Ich schreibe in großer Dankbarkeit für die Offenheit meiner Klienten. Das gegenseitige Vertrauen auf dem

Weg nach innen, macht diese von mutigen Menschen vorgelebten Schritte für viele andere Menschen zu einem wertvollen Pfad in Leichtigkeit und liebevolle Ganzheit.

Jede Einatmung ist eine kleine Geburt - atmen für die Seele

Das Leben außerhalb des Mutterleibes beginnt mit dem ersten selbständigen Einatmen des Säuglings. Ein erster Atemzug, der die eigene Luftzirkulation in Gang setzt und den Neuankömmling begleiten wird bis zu seinem letzten Ausatmen. Die Atembewegung ist eine unwillkürliche. Wir Menschen müssen nicht daran denken zu atmen. Auch im Schlaf atmen wir mühelos weiter.

Ich trainiere mit fast allen Klienten eine tiefe Achtsamkeit gegenüber dem Atem. Alles beginnt mit einer simplen Beobachtung des eigenen Atemprozesses ohne irgendetwas zu gestalten. Wir folgen einfach nur dem Atemprozess, Nachspüren und Wahrnehmen.

Wie gelangt die Luft in meinen Körper? Wohin breitet sie sich aus? Füllt sie die Lunge oder den Bauchraum? Wie lang dauert die Einatmung?

Ist die Einatmung über mehrere Atemzüge achtsam erforscht, so lenke ich die Aufmerksamkeit auf die Ausatmung. Wie fühlt es sich an, wenn die Luft wieder aus der Nase strömt? Wird mein Brustraum eng? Bringt das Loslassen Erleichterung? Kann ich andere Gefühle wahrnehmen? Gibt es Entspannung und Gelassenheit?

Und wir können noch etwas bemerken. Zwischen jeder Ausatmung gibt es einen Moment, der nicht mehr Ausatmung und noch nicht Einatmung ist. Ein Leerraum. Dieser Raum ermöglicht nach einiger Zeit den Impuls zur Einatmung. Wie bei der Geburt beginnt wieder der lebendige Atem. Aus dem leeren Raum heraus wird die Einatmung geboren. Der Leerraum ist der Schöpfer des Impulses zur Einatmung.

Auch nach der Einatmung ist eine solche Pause zu beobachten. Wieder gibt es einen leeren Raum. Eine Pause, ohne jeden Handlungsimpuls. Kommt der Impuls, so folgt loslassen, abgeben. Wie in einem kleinen Tod strömt die Luft aus dem Körper.

Der Atemrhythmus kann als minimale Betrachtung des Lebensprozesses gesehen werden:

Kleine Geburt - - - freier Raum - - - kleiner Tod - - - Leerraum.

Ich übe den Focus in diese Leere, den Raum, in dem gar nichts stattfindet. Ein Raum aus dem wieder etwas entsteht. Ein Raum, aus dem ein Neubeginn wächst ... ein Raum, der vertrauensvolles Loslassen ermöglicht.

Eine solche einfache Vertiefung in den Leerraum bringt eine Erfahrung von Ewigkeit und Zeitlosigkeit. Ebendiese bewusst wahrgenommene Zeitlosigkeit ist eine Tür zum großen Raum hinter der materiellen Welt, der alles durchdringt. Die Seele antwortet mit einem Gefühl von tiefem Frieden. Dieser kleine Augenblick im Kontakt mit der Leere, die alles enthält, kann wie eine unendlich lange Zeit erlebt werden. Ein Moment, in dem es weder Fragen und noch Antworten gibt, nur Frieden, Gelassenheit oder Freude.

Das bewusste, fokussierte Atmen für die Seele birgt für alle Menschen die Erfahrung der Verbindung zwischen ihrer Seele und dem großen Raum, dem Urgrund allen Seins. Es ist eine wundervolle Möglichkeit Gelassenheit, Frieden und / oder Freude selbst in Krisenzeiten erleben zu können.

Eine Krise kennzeichnet sich dadurch, dass alte Vorstellungen, wie etwas sein müsste zerbrechen und das Verständnis dafür, wie es nun weiter gehen, kann noch nicht geboren ist. Für eine solche Geburt braucht es in gewisser Weise eine vorausgehende Schwangerschaft, in der ein neues Bewusstsein wachsen kann. Das Bewusstsein, dass etwas beendet ist – hier z.B. die Einatmung – das etwas Neues anderes entstehen muss – Pause- hier dann die Ausatmung ... das etwas Neues entstanden ist – hier ein neuer Luftstrom. Mit der nächsten Einatmung nehmen wir definitiv etwas Neues auf. Es sind frische neue Sauerstoffatome und all die Bestandteile, die die Luft enthält. Erlauben wir auch unserem Bewusstsein in eine solche Entwicklung der Erneuerung und des Wandels einzutreten, wird sich mit jedem bewussten Atemzug unser Bewusstsein von uns selbst und der Welt, die uns umgibt verwandeln.

3. Prana, Nahrung für die Seele und den physischen Körper

Die Atmung ist ein Prozess, der über den Hirnstamm in Verbindung mit dem zentralen Nervensystem, gesteuert wird. Der Hirnstamm ist der entwicklungstechnisch älteste Teil des Gehirns. Zum menschlichen Nervensystem gehören das Rückenmark und letztendlich auch alle anderen Teile des Gehirns. Der sensorische Bereich des Nervensystems leitet die Signale zum peripheren Nervensystem, das aus Hirnerven und Rückenmarksnerven besteht. Diese Informationen werden weitergeleitet über das Rückenmark zum Gehirn, wo das zentrale Nervensystem liegt. Unser Gehirn ist also zu jeder Zeit über den aktuellen Zustand unseres Körpers und auch unserer Emotionen informiert. Diese Informationen werden im zentralen Nervensystem zu Impulsen verarbeitet, die wiederum über das periphere Nervensystem in den motorischen Bereich des Nervensystems als Befehle weitergeleitet werden, die den Körper zum Handeln aktivieren. Sri Yukteswar beschreibt in seiner spirituellen Anatomie, dass die erste Körperzelle, die aus Samenzelle und Eizelle entsteht, die Körperzelle ist, aus der sich die Medulla Oblongata, das verlängerte Rückenmark bildet. Das verlängerte Mark ist nicht direkt mit dem Gehirn verbunden, seine Signale werden jedoch über den Hirnstamm in die übrigen Bereiche des Gehirns weitergeleitet. Die Medulla Oblongata wird von Sri Yukteswar als der „Mund Gottes" bezeichnet. Dieser Punkt wird später noch bedeutend werden, wenn es um das Traumgeschehen geht. An dieser Stelle erscheint es mir wichtig, die metaphorische Parallele zu der Darstellung des Kindes Jesus zu sehen, der den Tontauben seinen Atem einhauchte und sie lebendig werden ließ. Auch, wenn ich davon ausgehe, dass es sich hier um eine sinnbildliche Beschreibung handelt, die das Verhältnis der beseelenden Lebendigkeit des kosmischen, göttlichen Bewusstseins zeigt, ist es der Atem, mit dem menschliches Leben beginnt und endet.

Der Atem passt sich in Atemfrequenz und Tiefe der einzelnen Atemzüge den Situationen an, in denen wir uns befinden. Müssen wir zum Beispiel körperliche Arbeit verrichten oder schicken wir uns an, einen Berg zu besteigen, so erhöht sich automatisch die Atemfrequenz und gegebenenfalls auch das Atemvolumen, dass wir mit einem einzigen Atemzug aufnehmen. Dies hat zur Folge, dass über die Alveolen aus den Bronchien mehr Sauerstoff an die roten Blutkörperchen weitergegeben und bis in den entlegensten Winkel unseres Körpers transportiert werden kann. Dies wiederum beschleunigt den gesamten Stoffwechselprozess und wir haben mehr Kraft zur Verfügung, die wir in einem solchen Moment auch haben müssen. Dies geschieht ganz von allein und vermutlich, seit es die Kreation Mensch überhaupt gibt. Außerdem passt sich unser Atem emotionalen Prozessen an. Situationen der Angst oder Freude erhöhen die Atemfrequenz und versorgen uns so mit der zusätzlichen Energie, die wir eben gerade unter den jeweiligen Bedingungen benötigen, ohne dass wir darüber nachdenken müssen. Ebenso verhält es sich bei nur vorgestellten Gegebenheiten. Auch, wenn wir uns ein bedrohliches Ereignis nur intensiv vorstellen, stellt sich die Atmung darauf ein. Auch dies wird später von Bedeutung sein, wenn wir uns der fokussierten Lenkung der Aufmerksamkeit in der Hypnose zuwenden. Der motorische Bereich unseres Nervensystems unterteilt sich vereinfacht ausgedrückt in das vegetative, unwillkürliche Nervensystem und das somatische, willentlich beeinflussbare Nervensystem. Wir brauchen daher, wenn wir schlafen nicht darüber nachzudenken, ob wir gerade eben geatmet haben, nein, das vegetative Nervensystem steuert nach den Befehlen des zentralen Nervensystems den gesamten Atemprozess während des Schlafens. Unsere Atmung hat also einmal die Funktion unseren Körper zu nähren und zum anderen den erhöhten Energiebedarf bereitzustellen, wenn wir uns im Aktionsmodus aufhalten. In allen Atemübungen, die ich Ihnen vorstellen werde, hält sich Ihr gesamter Organismus in einem ruhigen entspannten Zustand auf. Eine Befindlichkeit, bei der die Atmung ganz natürlich in den nährenden Modus verfällt. Sie können jedoch üben, Ihren Atmungsverlauf so zu kontrollieren, dass Körper und Geist weit mehr Energie zur Verfügung gestellt werden, die Sie dann für die Prozesse nutzen, die Sie selbst gewählt haben. Das kann die Lösung von Problemen sein, oder einfach auch nur das Herausfinden aus einer Phase der Erschöpfung.

4. Hinter den Spiegel sehen durch bewusste Atemwahrnehmung

In diesem Kapitel folgen Sie dem Prozess des bewussten Atmens ganz leicht bis in einen natürlichen leeren Raum hinein, in dem ein sanfter Seelenkontakt spürbar ist. Sie erleben, wie Sandra mit Hilfe dieser Technik einen großen Verlust überwinden kann.

In der Selbstchoachingsequenz 1 können Sie Ihre Bewusstheit und körperliche Vitalität selbständig erhöhen und Ihre Seele erspüren.

Sie lernen die kreative Kraft des leeren Raumes kennen und erfahren, wie das allumfassende Bewusstsein unsere weise Seele in Kooperation mit einem optimal empfangsbereiten Gehirn trifft, so dass wir Lösungen für alle möglichen Situationen in uns selbst finden können.

Sie erfahren, wie eng ein kosmisches Bewusstsein mit der Beherrschung des Atems verbunden ist und dass die bewusstseinserweiternden Folgen eines ebensolchen Trainings kein Zufall, sondern dessen natürliche Konsequenz sind.

Sie haben geübt und geübt und geübt ... jetzt fällt es Ihnen leicht, eine kurze Pause für sich zu nutzen und bei sich selbst anzukommen, indem Sie gelassen Ihren Atem fließen lassen, ihn beobachten, als gäbe es nichts Interessanteres auf der Welt, als zu spüren wie sich die Bauchdecke hebt und senkt und der Atem den Körper füllt und wieder verlässt. Sie können, die innere Ruhe, die entsteht annehmen und die ganz von selbst entstehenden neuen Energiepotenziale in Ihr Leben strmen lassen.

Die Gedanken, die sich dabei einstellen, beobachten Sie zeitgleich. Sie betrachten sie voller Aufmerksamkeit, jedoch ohne ihnen zu folgen. Sie bilden keine Gedankenketten nach dem Motto: Nachher werde ich Karin anrufen, dann besprechen wir unseren Ausflug, dafür benötigen wir ganz sicher … nein, Sie bemerken: Nachher werde ich Karin anrufen. Dicker Punkt … nichts weiter … Sie lassen den Gedanken wieder los … und bemerken vielleicht den nächsten … Sie nehmen ihn nur zur Kenntnis … mehr nicht... kein Festhaken … und weiter.

Dabei werden Sie beobachten, dass sich der unendliche Gedankenstrom verlangsamt, vielleicht sogar uninteressant wird, weil der Leerraum der entsteht, viel spannender für Sie ist.

Sie bemerken die Stille zwischen den Alltagsgeräuschen. Sie spüren den Raum um sich selbst … es kann sein, wie eine sanfte Berührung oder einen Schutzraum …

Gedanken, Körperwahrnehmung, Sinneswahrnehmung all das darf da sein. Nichts stört, alles ist willkommen. Nur Ihre Aufmerksamkeit verändert sich. Spannend wird der Leerraum, der Raum hinter dem Raum, eine unendliche Weite; die Geräusche hinter den Geräuschen; die Ruhe und die Gelassenheit, die entsteht; möglicherweise eine Freude, die vollkommen unbegründet ist.

Diese Freude stellt sich wiederholt ein, wenn Sie auf Seelenempfang gehen. Die Regungen der Seele sind leise und zart. Sie fühlen sich mehr „zu Hause", ohne dass Sie den Ort gewechselt haben. Sie gehören dazu zu diesem großen Ganzen. Einfach so und immer wieder. Der kleine Raum zwischen Ausatmung und Einatmung, diese Nichts-Erfahrung lässt sich ausdehnen. Es entsteht ein Leerraum zwischen jedem Wollen und allen drängenden Alltagsgefühlen.

Wechseln Sie die Perspektive und schauen Sie gewissermaßen aus dem Raum auf sich selbst, die Person, die da sitzt. Nehmen Sie wahr, wie Sie versorgt werden, wie „Es" Sie atmet, ohne dass Sie etwas willentlich unternehmen. Betrachten Sie sich so liebevoll wie möglich, gewisser Maßen von innen und außen gleichzeitig. Ihre Wahrnehmung ist nicht an Ihren Körper gebunden. Lassen Sie Ihr Bewusstsein weit werden und genießen Sie dieses Gefühl von Freiheit und Weite. Und eigentlich ist da nichts wirklich Substanzielles ... und doch weitet sich dieser scheinbar leere Raum aus. Ein großer Raum, der alles umschließt.

Dieser weite, ausgedehnte Raum kennt nichts Beängstigendes. Er ist das Zuhause Ihrer Seele. Auch Ihre Seele enthält alles, nur in individueller Form.

Wenn Sie dann wieder in die Alltagswahrnehmung wechseln, bemerken Sie Ihre Sitz oder Liegeunterlage. Öffnen Sie bewusst Ihre Augen und nehmen Sie dieses Gefühl, wie es sich heute eben eingestellt hat, mit. Diese unbegründete Freude kann durchaus bei Ihnen bleiben, auch, wenn Sie anschließend den Rechnungsausgang prüfen müssen.

Sandra, die schmerzlich den Verlust ihres Katers betrauert, der sie über zehn Jahre treu begleitet hat, verzichtet diesmal auf eine Begrüßung und platzt heraus: „Heute ist hier nichts mit Reden. Ich bin froh, dass ich arbeiten kann. Mein Herz bleibt zu. Sonst geht bei mir gar nichts mehr und das kann ich mir momentan nicht leisten."

Ich spreche ihr mein Mitgefühl aus und lasse sie schweigend die erste Hälfte ihrer Tasse Tee genießen.

„Was meinen Sie", frage ich, „geht atmen?"

„Klar, das schaffe ich." Sie findet einen winzigen Anteil ihres Humors wieder und ergänzt: „muss' ich ja sowieso oder?"

Sandra hat seit etwa einem halben Jahr die Vertiefung in den Atem geübt und weiß durchaus, wo ich hin möchte. Sie entscheidet sich für die liegende Haltung, da sie sehr erschöpft ist.

Während wir aufmerksam erst nur die Einatmung beobachten, zeigen sich erste Anzeichen der Erleichterung. Es gibt nichts wirklich zu tun... endlich. Wir betrachten ganz interessiert die Ausatmung ... der Körper beginnt sich zu entspannen. Die Atmung wird tiefer und langsamer.

„Bitte konzentrieren sie sich nun auf die Pause nach der Ausatmung. Genießen sie den leeren Raum ohne jeden Impuls. Die Weite, die sich einstellt." ...

Sandra liegt immer entspannter auf der Liege. Die Atmung ist ruhig und tief. Nur die kraus gezogene Stirn zeigt mir, dass das Gedankenkarussel noch arbeitet.

„Erlauben sie allen Gedanken da zu sein. Alles darf sein. Alles gehört dazu - Halten sie keinen Gedanken fest. Beobachten sie nur. Wahrnehmen und loslassen - der nächste Gedanke darf kommen."

Die Lippen zucken leicht und Tränen fließen aus den Augenwinkeln. Ich gebe Raum für den Schmerz und mache eine kleine Pause. Schließlich lenke ich die Aufmerksamkeit wieder auf den Atem.

„Sie atmen tief ein - und lang aus - und beobachten wieder die Pause -"

Der Körper auf der Liege entspannt sich immer mehr. Die Tränen fließen einfach sanft aus den Augen. Sandra lässt die Trauer um den Verlust ihres geliebten Katers endlich frei. Sie kann sich selbst liebevoll annehmen in ihrem Schmerz.

„Jeder Gedanke darf sein und wird angeschaut. Dann kann er wieder gehen. Kommen und gehen und den Raum bemerken, der sie umgibt, der die Gedanken umgibt, der uns alle umgibt. Stellen sie sich vor, ihr Bewusstsein geht in diesen Raum und aus diesem Raum heraus. Schauen sie so liebevoll, wie es ihnen jetzt gerade möglich ist, auf die Frau herunter, die da auf der Liege liegt. Wenn sie es können und wirklich nur, wenn sie es können, lächeln sie sich jetzt zu, wie sie ihrer besten Freundin zulächeln würden."

Langsam versiegen Sandras Tränen und ein kaum merkliches Lächeln huscht über ihr Gesicht.

„Oh, man … was war das denn? Ich bin irgendwie leichter… Murmel war so krank. Er hatte starke Schmerzen. Es ist viel besser, dass er jetzt tot ist und nicht mehr leiden muss. Da ist ein warmes, helles Gefühl in mir."

Wieder laufen Sandra die Tränen ungehemmt über das Antlitz. „Aber schade ist es schon. ….Er war ein ganz besonderer Kater. Er wusste immer ganz genau, wenn es mir nicht gut geht und dann kam er zu mir und schnurrte ganz lieb."

„Spüren sie mal in dieses helle, warme Gefühl hinein. Wo im Körper nehmen sie es wahr?"

„Im Bauchraum. Es strahlt ganz warm."

„Legen Sie bitte beide Hände auf diese Stelle und lassen sie die Wärme bis in die Hände pulsieren. Auf einer Skala von 1-10, wie angenehm fühlt sich das an?"

„Hmmm, so neun ... Neun..."

„Und jetzt denken sie an Murmel ... wie sieht er aus? ..."

Wieder Tränen. Sandra kann kaum sprechen, als sie sagt: „Er lächelt mir zu, es geht ihm gut."

Langsam kann Sandra alle Bilder loslassen. Ihre Konzentration auf den Atem führt sie zurück in den Praxisraum.

„Ich wusste es ja schon immer", sagt sie schmunzelnd, während sie meine Praxis verlässt. „Auch Tiere haben eine Seele."

Hier hat der Focus auf den Atem und die auf diesem Wege zusätzlich bereitgestellte Energie Sandra auf den Weg in den Leerraum und in bildhafte Welten gebracht. Das ist nicht bei jedem Menschen so. Die Seele findet immer den Weg der Kommunikation, der gerade passt. Welch ein Geschenk für Sandra, die in der kommenden Nacht tief und fest schläft, wie sie mir später berichtet.

Den Raum der Leere bewusst einzuladen, ermöglicht Erlebnisse, wie wir sie eben bei Sandra kennen lernen durften. Alles was uns bewusst ist, können wir gestalten. Der erste Schritt also ist es, diese Leere bewusst zu erleben. Der Anfang ist also die Atemwahrnehmung.

Sri Yukteswar sagt: „Das kosmische Bewusstsein ist eng mit der Beherrschung des Atems verbunden. Die Wahrnehmung des Bewusstseins setzt einen Prozess in Gang, der Prana-Energie im Einklang mit unserer Atmung fließen lässt, und das ist Pranayama."(S. 58)

Unser Atem begleitet uns durch den ganzen Tag. Dies geschieht jedoch, während wir uns auf alle möglichen anderen Ereignisse konzentrieren. Jetzt ist es an der Zeit, dass Sie Ihrem eigenen Atem die volle Aufmerksamkeit schenken. Einerseits um einen Weg zu Ihrer Seele zu finden und andererseits um die benötigte Energie für eine solche bewusstseinserweiternde Arbeit überhaupt zur Verfügung zu haben.

Seelencoaching 1: Den Raum der Leere achtsam ausdehnen

Nehmen Sie sich am Anfang etwa zehn Minuten Zeit und stellen Sie sich einen Wecker. Dann schließen Sie die Augen und nehmen Ihren Atem einfach nur bewusst wahr. Es gibt da kein bisschen, was anders sein müsste. Der Atem darf fließen, wie er es immer getan hat. Der Unterschied ist nur, dass Ihr Atem jetzt zum spannenden Objekt Ihrer konzentrierten Beobachtung wird. Beginnen Sie mit einem tiefen Ausatmen. Im Anschluss wird sich eine lange Einatmung zeigen. Beobachten Sie etwa zehn Atemzüge lang die Länge Ihrer Ausatmung. Verstärken Sie nichts. Alles an Ihrer Atmung ist vollkommen o.k.. Dann beobachten Sie mit der gleichen Aufmerksamkeit den Prozess Ihrer Einatmung. Sollte irgendetwas langweilig werden, so beobachten Sie genauer. Wie streicht die Luft in die Nase hinein? Wie warm fühlt sie sich an? Wie weit können Sie ihr folgen? All dies stärkt Ihre Konzentration, Ihre Fokussierung und Ihre Wahrnehmung.

Und jetzt werden Sie sich der kleinen Lücke zwischen Einatmung und Ausatmung gewahr. Verändern Sie nicht das Geringste. Lassen Sie

Ihren Atem fließen wie immer. Und registrieren Sie alles. Allein durch Ihre Beobachtung vergrößert sich diese Lücke. Sie bemerken ganz bewusst, Sie werden sich gewahr, es gibt da einen Raum, der frei von jedem Wollen ist. Es gibt keinen Impuls. Es gibt nichts zu tun.

Häufig stellt sich ein Erstaunen ein, wenn Sie sich in dieses neue Gewahrsein einfühlen. „Oh, so lange kann ich ohne eine Atembewegung sein." Sie werden anfangen diesen freien Raum zu genießen. Wann im Alltag haben wir ein solches Gefühl sonst? Einen völlig impulsfreien Raum gibt es selten. Sie werden lernen, bzw. es wird vollkommen von selbst passieren, dass Sie in ebendiesen leeren Raum hineinfallen, hineingleiten und ihn genießen. Allein dadurch erweitert und vergrößert sich dieser Raum.

Ein solches Training lässt sich bequem in die Mittagspause integrieren. Sie können auf einer Parkbank üben aber genauso effektiv auf dem Schreibtischstuhl, wenn Sie ungestört sind. Ihre Seele sehnt sich nach einer solchen totalen Freiheit. Auf emotionaler Ebene werden Sie mit einem Gefühl von Freude, von Heimat und Frieden belohnt. Entscheiden Sie selbst. Ist das der Mühe wert?

Außerdem werden Sie die kreative Kraft dieses leeren Raumes kennen lernen. Der Fokus auf einen Bereich ohne Wollen, lässt unser Gehirn in völlig neuer Weise arbeiten. Der frontal Kortex hat die Aufgabe, alle neuen Informationen zu sammeln und in die Areale des Gehirns weiterzuleiten, die für eine optimale Verarbeitung zuständig sind. So gelangen Aufgaben zur Entschlüsselung von Inhalten in die kreative rechte Gehirnhälfte und Aufgaben zur Strukturierung und Ordnung in die linke Gehirnhälfte. Schließen wir jedoch unsere Augen und nehmen keine neuen Informationen auf, so hat dieser Bereich weniger zu tun. Wenn es uns nun noch gelingt, die Flut unserer Gedanken einzudämmen, so kann auch der Bereich der Amygdala langsam zur Ruhe kommen. Die Amygdala hat die Aufgabe, das Gehirn in den biochemisch optimalen Zustand zu versetzen, um Herausforderungen bewältigen zu können.

Entsprechende Signale werden zur Hypophyse geschickt, die wiederum ihrerseits aktiv wird und das hormonale System des Körpers in Gang setzt, damit das gesamte System Mensch unterstützend tätig werden kann. Wir können diesen Teil des Gehirns, der paarig auftritt und klein wie ein Mandelkern ist, also getrost die „Alarmglocke" des Gehirns nennen. Im normalen Alltag befinden sich viele Menschen unserer Zeit auf einem Stresslevel, das dem Niveau entspricht, dass ein Mensch aufweisen muss, um seine Horde bestmöglich vor einem Angreifer zu schützen. Die meisten Menschen suchen unbewusst permanent alle Situationen ab, um mögliche Angreifer schnell aufzuspüren und diesen optimal entgegentreten zu können.

Die Stressoren unserer Zeit sind meist jedoch eher geistiger Natur. In jüngerer Zeit häufen sich zwar in vielen Teilen der Welt die Naturkatastrophen und es gibt allgegenwärtige Kriegsgebiete. Im mitteleuropäischen Raum geht es jedoch eher um den Erhalt eines Arbeitsplatzes, das Bestehen der Mathematikarbeit oder die Stabilisierung einer Liebesbeziehung. Die drei letztgenannten Herausforderungen lassen sich allerdings weit besser bewältigen, wenn wir Kreativität einsetzen; wenn wir zum Schöpfer neuer Möglichkeiten werden.

Sind wir also einigermaßen geübt darin, den Fluss der Gedanken zu steuern, so können wir einen Raum erschaffen, der dadurch geprägt ist, dass unsere Wahrnehmung auf den leeren Raum fokussiert ist, so dass nur wenige Gedanken oder fast gar keine in unser Bewusstsein aufsteigen. Dadurch breitet sich in uns ein Gefühl von Frieden, von Ruhe - im besten Fall von reinem Gewahrsein aus. In diesem Zustand beruhigt sich die Amygdala. Unser Belohnungszentrum, der Nucleus accumbens aktiviert uns nicht auf der Suche nach neuen Belohnungen. Es entsteht sozusagen ein leerer Raum in unserer Wahrnehmung und tatsächlich auch physisch im Bereich des Mittelhirns. Diesen leeren Raum (die Höhle Brahmans) gibt es natürlich rein physisch immer. Er wird jedoch nur relevant für unser Lebensgefühl, wenn wir ihm die Möglichkeit geben, durch ein leeres Bewusstsein aktiv werden zu können. Wir lassen diesen leeren Raum selbst aktiv werden. Wir treten zurück. Wir lassen all unser Wollen los und lassen diesen Raum wirken.

Dadurch entstehen Verknüpfungen, die Verbindungen von Erfahrungen, Gedanken, Gefühlen und unserem Bewusstsein entstehen lassen, die Antworten auf alle unsere Fragen geben. Antworten, die unser Verstand, der auf lineare Zusammenhänge programmiert ist, alleine nie finden könnte.

Indem wir die Leere aktiv „betreten", haben wir Zugang zu unserer Weisheit und unsere Seele schafft eine Verbindung zu dem Urgrund, aus dem sie kommt. Auf diese Weise ist unsere Seele in der Lage, Botschaften vom Urgrund allen Seins in unser normales Bewusstsein übergehen zu lassen.

Es ist unser menschlicher, physischer, emotionaler und mentaler Beitrag als Grundvoraussetzung für das Hören unserer Seele, einen Zustand des Friedens und der Ruhe in uns zu etablieren.

Da unser Gehirn jedoch in seiner Grundprogrammierung noch immer auf Überlebensmodus eingestellt ist, ist es wichtig, diesen Modus bewusst umzuschalten. In Hochkulturen, in denen Frieden herrschte, gab es viel leeren Raum, der neue wissenschaftlich und spirituelle Erkenntnis hervorbrachte und künstlerische Wunderwerke entstehen ließ.

Die kleine Brücke zwischen der rechten und linken Gehirnhälfte, das Septum Pelucidum, weitete sich bei Entspannung stark - auf etwa 2 cm - und kann sich bei Anspannung auf 0,5 cm zusammenziehen. Die erlebte Weite hat also auch einen biologischen Hintergrund. Der Austausch der Informationen zwischen der rechten und linken Hemisphären, der für jeden komplexen Denkvorgang zwingend notwendig ist, geht bei Entspannung deutlich schneller und effektiver. Wir steigern unser Intelligenzpotenzial durch Entspannung. Doch damit nicht genug. Das Septum Pellucidum erweist sich bei genauerer Betrachtung als eine Art Lappen, der auf diese Weise auch noch viele andere Bereiche des Gehirns miteinander verbindet. Besonders wichtig ist die Verbindung zwischen Hypothalamus und Hippocampus und den olfaktorischen Bereichen des Gehirns (Verbindung zwischen Geruch und Gedächtnis). Eine weitere Verbindung ist die zum Nukleus accumbens unserem Belohnungssystem. Bei Stress zieht sich das Septum Pellucidum, wie wir bereits wissen, zusammen. Emotionale Verarbeitung, Gedächtnis und vegetative Steuerung sind dadurch eingeschränkt.

Im Septum findet sich eine Vielzahl von Botenstoffen, die die Verbindungen regeln und unter anderem auch Fieberreaktionen steuern. In meinem Leben gab es schon häufig eine heftige Fieberreaktion, die mich nötigte, bis zu meiner Gesundung aus einer stressreichen Situation heraus zu gehen. So ergab sich ein Leerraum, indem ich über vieles nachdenken konnte, um anschließend frisch gestärkt neue Lösungen für eine alte stressige Situation einzubringen.

Über den Hippocampus gibt es eine Verbindung zum limbischen System. So lässt sich die Chronifizierung von Schmerzen sowie deren Verstärkung durch Angst und Stress erklären. Weitere spannende neue Erkenntnisse über diesen kleinen Teil unseres Gehirns finden Sie bei Arvid Leyh „Das Septum".

Dieser gedankenarme Raum ohne Impulse von außen lässt unser Gehirn also mit dem arbeiten, was bereits in ihm ist. Es entstehen neue Vernetzungen von „altem" Input. Albert Einstein entwickelte viele seiner Gleichungen im Schlaf und konnte sie bei nächtlichem Erwachen aufschreiben. Viele große Schriftsteller wie zum Beispiel Johann Wolfgang von Goethe und Franz Kafka erschufen ihre Dramen nachts. Menschen, die den „Gang in die Leere" bewusst üben, haben sehr häufig plötzliche Einfälle. Sie finden Lösungen für Konflikte oder sachliche Probleme einfach am Wegrand oder im Schlaf. Sicher kennen Sie die geflügelten Worte: „Den Seinen gibt's der Herr im Schlaf."

Ja, diese Aussage ist auch im 21. Jahrhundert noch gültig. Intuition ist letztendlich die Brücke zwischen dem Urgrund allen Seins und unserem Wesenskern. Das allumfassende Bewusstsein trifft unsere weise Seele und ein empfangsbereites neurologisches System.

Ayya Khema sagte in einem ihrer letzten Vorträge vor ihren Schülern: „Der Mensch des 21. Jahrhunderts wird Mystiker sein, oder er wird nicht mehr sein."

„… Mystik wurde in der Wissenschaft des Atems entdeckt. Es gibt keinen Mystiker, ob Buddhist, Vedandist oder Sufi, der sich eines anderen Prozesses als des des Atems bedient." Hazrat Inayat Khan ist ein Suffimeister. (Pranayama S. 59)

Gemeint ist, dass sich die globalen Probleme unseres Planeten Erde mit herkömmlichen Denkoperationen, Hochrechnungen und Alleingängen kluger Köpfe nicht werden lösen lassen. Hier ist das Hineinwachsen in eine neue Bewusstheit im Kontakt mit der individuellen Seele und dem allumfassenden Bewusstsein gefordert.

Meine Seminare für LebenskünstlerInnen beginne ich regelmäßig mit Pranayama, der bewussten Anbindung an den Atem, wie es im Seelencoaching 1 dargestellt ist und Meditation. Es ist nicht selten, dass die Teilnehmerinnen im Anschluss über spontane Erkenntnisse berichten. Entscheidend für diesen Erfolg sind der tiefe Kontakt mit dem eigenen Herzen und das bewusste Loslassen aller egozentrierten Strukturen.

Eine der Teilnehmerinnen gehört zur Geschäftsleitung eines mittelständischen Unternehmens. An einem Abend kehrt sie völlig erstaunt aus der Meditation in den Alltag zurück. „Ich habe heute Abend überhaupt nicht mehr an das Büro gedacht. Doch jetzt weiß ich ganz klar, dass wir uns von einem Mitarbeiter verabschieden müssen. Meine Geduld ist am Ende. Ständig stört er den Ablauf von Arbeitsprozessen. Im Moment ist es tatsächlich so, dass wir effektiver arbeiten können, wenn er einmal nicht da ist. So klar wie jetzt habe ich es noch nie sehen können. Klasse." Ohne weiteren Kommentar können wir in den anschließenden Malprozess starten.

Pramahansa Hariharananda orientiert sich in seinem Buch „Kriya Joga" für die Beschreibung der spirituellen Anatomie des Gehirns an Sri Yukteswar, den ich weiter oben schon erwähnt habe. Ein besonders bedeutender Teil ist dabei die Medulla Oblongata. Dieser Teil sitzt am unteren Ende des Hirnstamms, oberhalb der Wirbelsäule und wird als der Mund Gottes bezeichnet. Es ist eine Art Energieaufnahmeorgan, das Schwingungen in passenden Frequenzen aufnehmen kann, damit diese Informationen im Gehirn verarbeitet werden können. Wenn eine Eizelle und eine Samenzelle aufeinandertreffen und sich vereinigen, entsteht eine zweite Zelle. Aus dieser zweiten Zelle entwickelt sich die Medulla Oblongata. D.h. bereits ein Embryo im Zwei-Zellstadium wird von göttlicher Energie versorgt. (Vgl. Pramahansa Hariharananda S. 16 f.) " Ich bin allezeit bei euch!", verheißt uns die Bibel. Die Empfangsbereitschaft unseres Gehirns ist eine entscheidende Voraussetzung dafür, dass unsere Seele die Stimme Gottes hören kann.

5. Seelenkontakt durch meditative Begegnung mit dem Kern der Dinge

In diesem Kapitel finden Sie Grundlegendes, um Meditation für sich zu einem lohnenden Werkzeug Ihrer Lebensgestaltung werden zu lassen.

Eine Seelenchoachingsequenz trägt Sie in die Essenz eines Steins und Sie stoßen im geeigneten Fall auf: Alles.

Sie dürfen Sophia auf ihren ersten holprigen Schritten als Seelenforscherin folgen und René auf seinem Weg an das Steuerrad seines Lebens begleiten.

Abschließend erhalten Sie die Einladung, über das ideale Zusammenspiel verschiedener Persönlichkeitsaspekte unter der Führung der Seele zu philosophieren.

Meditation ist eine besondere Form von Konzentration. Sie beinhaltet eine Ablösung des Verstandes aus dem Alltagsgeschehen. Der Meditierende lenkt seine Wahrnehmung auf ein Objekt seiner Betrachtung. In den oben beschriebenen Beispielen war der Gegenstand der Beobachtung die Atmung. Je häufiger ein Mensch sich in ein spezielles Objekt vertieft, desto größer wird sein Bewusstsein über das Wesen dieses Gegenstands seiner Wahrnehmung. Er gelangt in ein neues Gewahrsein. Er erlangt eine tiefe Wahrheit über das Wesen des Objekts seiner Wahrnehmung. Er findet eine Wahrheit, die aus allen Perspektiven seiner Betrachtung wahr ist. Auf diese Weise kann der Atem zu einem Lehrer über das Sosein des Lebens an sich werden. In der Betrachtung des Atems erleben wir Wandel, Loslassen, Sterben, Geborenwerden, Weite, Enge, Lebendigkeit, Schwerelosigkeit, Verbundenheit, Abgeschiedenheit, um nur einige Eckpfeiler der Erfahrung des menschlichen Lebens an sich zu nennen. In der Meditation gelingt es dem Menschen also, der

Wesenheit des Menschseins auf die Spur zu kommen. Er erhält ein geweitetes Bewusstsein über sein eigenes Wesen. Während ein Mensch über seinen Atem meditiert, sich also in ihn wie oben beschrieben vertieft, verlieren alle anderen Sinneswahrnehmungen an Bedeutung: Geräusche, Zimmertemperaturen, Berührung des Körpers mit der Unterlage. Das Bewusstsein fokussiert sich im Atem. In diesem Fokus verliert sich die Zeitwahrnehmung und die Raumwahrnehmung weitet sich aus. Der Meditierende atmet in die Unendlichkeit des Raumes und aus der Unendlichkeit des Raumes. Der Verstand lädt zu kontinuierlichem Denken ein und der Meditierende gibt ihm ein Objekt, das er sich sorgfältig ansehen kann. Wie schon oben beschrieben, lässt die Flut der Gedanken nach und es entsteht ein leerer Raum, in dem die leisen Regungen der Seele wahrnehmbar sind. In der Resonanz mit der eigenen Seele entsteht ein Gefühl von Ruhe oder Frieden oder Stille. In diesen Resonanzraum kann der Meditierende einen neuen Gegenstand holen, um ihn gewissermaßen im Brennglas seines neuen Gewahrseins zu sehen.

Es ist möglich, sich praktisch jedes Objekt der emotionalen, physischen und geistigen Welt zum Gegenstand der vertieften Beobachtung zu wählen. Der Prozess dieses tiefen Schauens beschreibt die unterschiedlichen Stufen der Wahrnehmung des Objekts, auf das der Fokus in der Meditation gelenkt wird. Alle Manifestationen der vier Elemente: Feuer, Wasser, Erde, Luft eignen sich hervorragend für Meditationserfahrungen, wenn die Vertiefung in den Atem zu abstrakt empfunden wird.

<u>Seelencoaching 2:</u> Weg zur Essenz über das Erdelement

Wählen Sie sich einen geschützten Ort, an dem Sie zwanzig Minuten für sich allein sein können. Bereiten Sie sich zur Meditation vor und legen Sie einen Stein, zu dem Sie eine Verbindung aufbauen können, in Reichweite. Bringen Sie sich, durch die Betrachtung Ihres Atems, in einen Zustand der Ruhe und Gelassenheit. Dann öffnen Sie die Augen und ergreifen den Stein mit beiden Händen. Schließen Sie wieder die Augen und spüren diesen speziellen Stein mit allen Sinnen. Fühlen Sie seine Form, sein Gewicht und vielleicht seinen Geruch. Lassen Sie das Gesteinsstück jetzt in ihren Handflächen ruhen. Sie nehmen einfach Kontakt mit diesem kleinen Teilstück der Natur auf.

Dieser Gesteinsbrocken gehörte einmal in ein größeres Ganzes. Vielleicht können Sie diesen ursprünglichen Aufenthaltsort durch dieses Teilstück hindurch spüren. Die Oberfläche Ihres Steins hat eine ganz besondere Form und Materialität. Das ist gewissermaßen die Haut Ihres Steins. Erweitern Sie Ihre Wahrnehmung in das Innere des Gesteinsstücks. Dort finden Sie die gleichen Beschaffenheiten, die der Ursprung dieses Gesteinsstücks aufwies.

Auch im Inneren dieses Steins gibt es Moleküle und Atome - kleinste Teilchen. Wieso zerfällt dieses Gesteinsstück nicht? Augenscheinlich gibt es etwas - vielleicht eine Kraft - die ihn zusammenhält. Sind diese Teilchen ruhig oder in Bewegung? Achten Sie darauf, dass Sie im Feld der Wahrnehmung, des „Gewahr-werdens" bleiben. Es ist nicht wichtig, jetzt physikalische Kenntnisse hervorzuholen. Enthält dieser Stein eine Information? Gibt es eine Resonanz zwischen Ihnen und diesem

61

Teilstück der Natur? Was macht dieses Mitschwingen aus? Gibt es Ähnlichkeitserfahrungen? Auch in Ihrem Inneren gibt es Moleküle, Atome, Elektronen.

Wenn es zwischen Ihnen und diesem Gesteinsbrocken eine verbindende Resonanz gibt, gibt es dann auch eine Verbindung zwischen dem Stein und dem Raum, der diesen Stein umgibt? Können Sie über diesen Stein eine Verbindung herstellen zu dem Raum, der Sie selbst umgibt, der Ihr Zimmer umgibt, Ihre Stadt, Ihre Welt, der alles umgibt?

Wenn Sie in diesem Gewahrsein sind, welche Gefühle entstehen dann in Ihnen? Gibt es in Ihnen einen besonderen Ort für diese Resonanz? Wenn Sie möchten, bezeichnen Sie diesen Ort für sich vorläufig als den Sitz Ihrer Seele. Bleiben Sie noch für einen Moment in der bewussten Wahrnehmung von Seelenresonanz und Ernährung Ihrer Seele durch den Raum, der alles umgibt. Genießen Sie das Bewusstsein: Es gibt etwas, das alles umfasst … etwas Allumfassendes.

Seelenkontakt im gleichzeitigen Schutz des Allumfassenden, lässt bei den meisten Menschen ein Gefühl von Ruhe, Frieden und Gelassenheit entstehen. Haben Sie gegebenenfalls Geduld. Ihr Job ist es, den Raum für die Erfahrung zu schaffen und dann loszulassen. Das Bewusstsein und alle damit verbundenen Empfindungen stellen sich von alleine ein. Dafür können und brauchen Sie nichts zu tun.

„Der Weg zur Essenz über das Erdelement" ist also keine Gebrauchsanleitung wie der Bauplan eines neuen Gartenhäuschens. Er ist eher so etwas wie das Erlernen der Grundschritte beim Tango. Aus der Schrittkombination wird erst ein Tanz, wenn die/der Tanzende die Schrittfolge, ohne nachzudenken, tanzt, sich der Musik und dem Partner anvertraut. Mit Körperbeherrschung und unter voller Konzentration loslassen, das muss man üben. Die Früchte dieser Anstrengung sind jedoch in allen Lebensbereichen der Mühe wert.

Je häufiger Sie üben, desto leichter wird es.

Sophia: Die Seele ins eigene Leben einladen

Sophia kennen Sie ja bereits als die Mutter von Jonathan, der auf so eindringliche Weise die Dynamik seiner Familie in Bewegung gesetzt hat. Am heutigen Tag begegne ich ihr vor allem auf der Ebene ihrer beruflichen Seite. In ihrer sanften selbstbewussten Art erzählt sie mir, dass sie sich über viele Dinge im Leben bereits intensiv Gedanken gemacht hat. Sie hat Kommunikationsseminare besucht und sich mit Familiensystemen auseinandergesetzt. Bisher hat sie bei einer Zeitung gearbeitet. Doch jetzt sind alle Fachjournalisten entlassen worden. Diese Entscheidung kam nicht aus heiterem Himmel, sondern es war absehbar gewesen. Ihr Redakteur hatte sie darauf vorbereitet und die Zeitung bezahlt ihr jetzt ein Coaching für einen beruflichen Neustart. Sophia freut sich auf diese Auszeit und will sie nutzen, um ihr Leben neu zu überdenken. So begegnen wir uns an einem Nachmittag im Januar auf einer neuen Ebene. Im Sessel sitzt mir eine perfekt gekleidete Frau mit schulterlangem Haar gegenüber. Jedes Detail der Garderobe passt farblich zueinander. Schnell kommen wir vertrauensvoll ins Gespräch und ich muss achtgeben, dass ich bei dem anregenden Dialog nicht den Grund ihres Hierseins vergesse. Erst am Ende des Gesprächs erfahre ich, dass es inzwischen wieder häufiger vorkommt, dass sie eine unerklärliche Traurigkeit ergreift. Diese Attacken kommen plötzlich und scheinbar ohne Grund. Dann gibt es Streit mit ihrem Partner und sie wird ungerecht zu ihren Kindern. „Bisher war mein Leben immer so angefüllt mit Arbeit und privaten Pflichten, dass ich mich um meinen eigenen Gemütszustand noch nie wirklich kümmern konnte. Aber jetzt will ich das nicht mehr hinnehmen. Es muss einen Grund für diese Traurigkeit geben. Diesen Punkt will ich finden und beseitigen." Damit hatte ich meinen Auftrag und der familientherapeutische Aspekt tritt erst einmal in den Hintergrund.

Zunächst erlernt Sophia all das, was Sie bereits in Seelencoaching 1 und 2 kennen gelernt haben. Sophia ist keine leichte Schülerin. Sie zweifelt, dass sie je lernen könne, ihr Gedankenkarussell zum Stillstand zu bringen. Wir beginnen jede Sitzung mit einem Update und dann folgen zehn Minuten Training. Anfangs sind diese Minuten von Unwillen und Widerstand geprägt. Nur sehr langsam gelingt es ihr, all die vielen Pflichten in den Hintergrund treten zu lassen. So erfahre ich, dass sie ehrenamtlich im Kindergarten ihres Sohnes mithilft und auch für die Kirchenzeitung arbeitet. Erst jetzt kann sie langsam wahrnehmen, was für eine Überforderung sie sich da erschaffen hat. „Na, dann hat dieses Atmen ja doch einen Sinn. Ich frage mich, wie ich auf die Idee kommen konnte, all diese Aufgaben bewältigen zu können. Ich dachte einfach, ich sei nicht gut genug, ich würde Koordinationsfehler machen. Sonst hätte ich doch all diese Dinge nebeneinander bewerkstelligen müssen. Was für ein Unsinn. Erst jetzt kann ich spüren, wie erschöpft ich bin. Eigentlich – todmüde."

Sophia findet langsam Gefallen an den Pausen zwischen der Ein- und Ausatmung. Sie entwickelte sportlichen Ehrgeiz. Geduldig wartete sie, bis der Impuls kommt nach der Ausatmung wieder einzuatmen. Endlich kann sie sich in diese Leere hinein entspannen. Sie beginnt wahrzunehmen, wie Körper und Geist erfrischt aus diesen Übungen hervorgehen.

Zu unserer nächsten Sitzung erscheint sie mit am Hinterkopf zusammengehaltenen Haaren – einem Pferdeschwanz - und Gartenschuhen. Sorry, sagt sie: „Ich hatte heute keine Lust auf die berühmte Gesellschaftsverkleidung. Ich habe auf meiner Terrasse gesessen und eine Tasse Kaffee in den Händen gehalten. Ich habe ihre Wärme gespürt. Gewartet, bis der Impuls kommt, den ersten Schluck zu trinken." Sie lächelt. „Es hat seeehr lange gedauert. Dafür habe ich die ersten Tulpen in meinem Garten bewundert. Ich habe bemerkt, wie sehr es mich angestrengt hat es, meine Kinder in die Schule und in die KiTa zu bringen. Und ich habe erkannt, wie sehr ich meinen Garten und die Ruhe liebe." Ich frage sie, woran sie denn gedacht habe, als sie ruhig und gelassen ihre Tulpen bewunderte. „Ich habe… Ich glaube, ich habe an gar nichts gedacht. Da waren nur Frieden und Freiheit."

Unser ständiges Üben ist nun bis in Sophias gesamtes individuelles Bewusstsein vorgedrungen, das, was im allgemeinen Unterbewusstsein genannt wird, mit eingeschlossen. Sie ist unwillkürlich in den Leerraum gegangen, als sich ihr eine Gelegenheit dazu bot. „Und diese plötzliche Traurigkeit", frage ich, „wann haben sie die zum letzten Mal ganz intensiv gespürt?" „Ehrlich gesagt, habe schon länger nicht mehr darüber nachgedacht. Ja, letzte Woche, da war etwas, aber nicht schlimm. Es gab keinen Streit. Jonathan hat abends meine Hand genommen und mich gefragt, ob ich traurig sei. Ich habe seine warme Hand in meine genommen und ihn angelächelt. Ich habe mich gefreut, dass der kleine Kerl so aufmerksam war. Da war all meine Traurigkeit verflogen."

Auch an diesem Tag gehen wir gemeinsam in den Atemleerraum und die Weite. Sophia kann sich zum ersten Mal tief fallen lassen. All ihr Widerstand ist durch die bewusst erlebte, positive Erfahrung geschmolzen. Ich lade sie ein, mit ihren inneren Augen ihren eigenen Innenraum abzusuchen und überall dort ein Licht anzuzünden, wo es ihr dunkel erscheint. Ich bitte sie, über ihr Tun nicht nachzudenken, sondern ganz intuitiv zu handeln.

„Und, frage ich sie, als sie wieder mit offenen Augen vor mir sitzt, haben sie eine Idee? Gab es einen Grund für ihre Traurigkeit?"

„Aber sicher, ich hatte völlig den Kontakt zu mir selbst verloren. Die kleine Hand meines Sohnes Jonathan hätte mich noch vor zwei Monaten nicht wirklich im Herzen berühren können."

René: Ein Seelenforscher wird geboren.

René ist ein körperlich eher kleiner Mann, nicht größer als ca. 1,75 m. Dies bemerke ich erst, als er direkt vor mir steht, denn er erfüllt mit seiner sympathischen Stimme den Raum. Sehr wortgewandt erklärt er mir den Grund seines Hierseins. Vor vierzehn Tagen habe ihn seine Freundin Marie endgültig verlassen und die Beziehung beendet. Es habe schon lange gekriselt und er wisse eigentlich nicht warum.

Von therapeutischen Interventionen halte er nicht besonders viel, aber jetzt ginge es ihm richtig schlecht. Da habe ihm eine gute Freundin empfohlen sich doch Hilfe zu holen. Ja und nun wäre er eben hier. Immer wieder habe es in seiner zehnjährigen Beziehung heftige Auseinandersetzungen gegeben. Am Anfang hätte Marie unbedingt heiraten wollen, aber er wäre noch nicht so weit gewesen. Schließlich hatte er das ewige Hin und Her satt und hätte sich eine Eheschließung vorstellen können. Eigentlich habe er alles für seine Beziehung getan, was er sich nur vorstellen könne.

Er erzählt mir von wunderschönen Reisen und einer tollen Wohnung. Aber nun habe all das doch nichts genutzt. Schließlich wären sie immer weniger gemeinsam ausgegangen und dann war da die Sache mit diesem anderen Mann. Marie habe ihm damals erklärt, dass sie ihn ja eigentlich viel mehr lieben würde und so habe er ihr schließlich verziehen, aber das Vertrauen war hart angeschlagen. Zweimal war seine Freundin schon ausgezogen und dann jedes Mal wieder zurückgekehrt. Nun sei es endgültig. Und jetzt habe er auch keine Lust mehr irgendetwas für diese Beziehung zu investieren. Aber dennoch, schade wäre es schon. Und vor allen Dingen wisse er überhaupt nicht, wie es so weit kommen konnte.

„Deshalb bin ich hier. Für solch eine Tat muss es schließlich doch einen Grund geben. Da ist auch noch dieses Gedankenchaos. Eigentlich kann ich keinen klaren Gedanken mehr fassen und richtig schlafen kann ich auch nicht."

Ich frage ihn, woran er jetzt gerade in diesem Moment denke.

„Meine Gedanken kreisen nur so durcheinander. Ich denke an sie und dann grüble ich, was ich falsch gemacht haben könnte. Dann denke ich an all die schönen Dinge und bin traurig, dass sie nicht mehr da sind und dann fallen mir all die schlechten Dinge ein. All das was mich verletzt hat und dann bin ich wieder froh, dass alles vorbei. Wie ein Roboter gehe ich meiner Arbeit nach. Ich bin pünktlich, obwohl ich todmüde bin. Ich schaffe nicht besonders viel und ich ergreife momentan wenig Eigeninitiative. Da ich selbstständig bin, ist das nicht besonders gut; aber momentan auch nicht besonders tragisch. Ich fühle mich, als würde mich mein Leben leben. Irgendwie habe ich das Steuerrad verloren."

René und ich beginnen mit einfachen Atemübungen. Schon beim ersten Mal öffnete René am Ende die Augen und sagt: „Man, voll cool. Da war einfach nur mal Ruhe."

Wir verabreden, dass René all die Dinge übt, die Sie bereits aus Seelencoaching 1 und 2 kennen.

Als wir uns zwei Wochen später wiedersehen, erklärt er voller Stolz:

„Ich fühle mich jetzt vielmehr. Wenn ich diese Atemübungen mache, fällt mir meist im Anschluss irgendetwas ein. Zum Beispiel beim letzten Mal: Da habe ich an meine Gitarre gedacht. Die steht seit langer Zeit neben dem Schrank. Ich habe sie hervorgeholt. Und einfach nur so für mich gespielt. Das war toll. Ich bin nicht mehr so gut wie früher, aber ich war wirklich gut bei mir. Ich war weder einsam noch traurig. Das war ausgesprochen erholsam."

Unsere Gespräche zeigen schon bald, dass René alle seine Freunde aufgegeben hat, als er um die Beziehung kämpfte. Auch für das Gitarre spielen war kein Platz mehr gewesen. Nicht, dass Marie etwas dagegen gehabt hätte, wenn er spielte, aber er hatte es einfach vergessen. Er hatte sich selbst irgendwie vergessen.

René sucht wieder Kontakt zu seinen alten Freunden. Das stellt sich jedoch als etwas schwierig heraus. Alle seine alten Freunde sind sehr beschäftigt. Dabei fällt ihm auf, dass auch er selbst ständig beschäftigt ist. Auch das war in den letzten Jahren einfach so geschehen. Er hatte immer nur all die schönen Reisen gesehen. Der Alltag war dazwischen ziemlich grau geworden.

Inzwischen ist René gut geübt, durch den leeren Raum zwischen zwei Atemzügen zu schlüpfen. Er genießt die entstehende Ruhe und Weite. An diesem Tag dehne ich seinen Aufenthalt dort auf ein paar Minuten aus und lasse mir ein Fingersignal geben, das mir anzeigen soll, dass Gedanken für ihn jetzt gerade vollkommen uninteressant sind. Ich bitte ihn, mit seinen inneren Augen durch seinen Körper zu wandern. Er möge sich selbst innerlich von Kopf bis Fuß wahrnehmen. Dann fordere ich ihn auf, mit seinen inneren Händen sein eigenes Herz liebevoll zu halten. So ausdauernd, wie es ihm notwendig erscheint. Es dauert sehr lange, bis René ein Zeichen gibt und wir aus dieser tiefen inwendigen Schau zurückkehren.

„Au, je, mein Herz hat sich angefühlt, als wäre darin eine Bombe explodiert. Jetzt fühlt es sich leicht besser an. Ich habe bisher nie bemerkt, wie sehr meine Freundin mich verletzen konnte. Immer habe ich gedacht, ja sie hat schon Recht. Ich arbeite eben zu viel. Ich rede zu wenig über Gefühle und deshalb ist sie eben nie zufrieden. Jetzt kann ich spüren, dass ich mein Herz gar nicht mehr öffnen konnte. Ich habe mir eine Schutzhaut angelegt. Ich konnte mich nicht mehr fühlen und deshalb konnte ich auch nie über Gefühle reden. So blöd das klingt. Es kam mir immer so vor, als hätte ich gar keine mehr."

„Haben sie das vorher schon einmal bemerkt?" Betroffenes Schweigen. „Ich glaube nein. Jetzt erst, in dieser Stunde spüre ich den Schmerz in seinem ganzen Ausmaß. Vorher war eher das Gefühl, versagt zu haben im Vordergrund meiner Wahrnehmung."

„Wer hat ihnen gesagt, dass sie versagt hätten?"

„Na, das konnte Marie schon gut. Ja und da war noch was. Mein Verstand hat ihr meistens Recht gegeben."

„Dann waren sie damals vor allem mit ihrem Verstand identifiziert?"

„Ja, so habe ich es bisher nicht gesehen, aber so fühlte sich jetzt an."

„Wer fühlt das jetzt?"

„Na, ich fühle das, besser gesagt, in meinem Herzen gibt es diese Erkenntnis."

„Sie haben also heute in sich etwas gefunden, was sie vorher nicht mehr wahrnehmen konnten."

So wie René hier langsam wieder über den Verstand hinaus wächst, können auch Sie das. Hier hatte die Dominanz der Identifikation mit dem Persönlichkeitsaspekt des Intellekts in eine sehr schwierige Situation geführt. René ist nicht das Opfer der Umstände oder gar seiner

Freundin geworden, sondern das Opfer der Alleinherrschaft seines Verstandes. Wie Sie bereits wissen, setzt sich jede Persönlichkeit aus unterschiedlichen Persönlichkeitsaspekten zusammen. In diesem Fall, hatte ein Aspekt die Oberhand gewonnen. Durch die Atemübungen, durch das Hineingleiten in den Atemleerraum ohne jedes Wollen, konnten andere Aspekte wieder gefühlt werden. Die Seele ist gewissermaßen der göttliche Funken, der uns Menschen entstehen ließ, oder der göttliche Teil, der hinzukam, als Ei- und Samenzelle verschmolzen. So enthält diese Essenz alles, was uns zu dem wundervollen Wesen heranreifen lassen kann, was wir im besten Falle sein können. Dieser Wesenskern wird wieder erfahrbar, wenn wir der Seele erlauben, uns in dieser Leere zu treffen. Der Verstand ist ein Werkzeug und braucht immer eine Steuerung. Die beste Steuerung ist unsere Seele, weil diese Essenz eine Ganzheit umfasst, die jeder noch so gut entwickelte Persönlichkeitsaspekt nicht zu bieten hat.

René hat einen teuren Preis bezahlt, als er seinem Intellekt erlaubt hatte, allein die Führung zu übernehmen. Unter der Steuerung seines Verstandes hatte er das Gefühl, das Steuerrad verloren zu haben. Der Verstand ist durch Muster geprägt worden. In diesem Sinne ist er ein Diener der Ideale, aus denen diese Muster entstanden sind. Ein Persönlichkeitsaspekt, der diese Muster repräsentiert, erschafft permanent Forderungen. Es ist nie genug. Diesem Hamsterrad zu entkommen, ist nur, durch einen Seelenkontakt möglich, der im besten Fall zu einer Einheitserfahrung führt. Unsere Seele ist eine liebevolle, weise Instanz. Wenn wir dies anerkennen, wird es leichter, sie in alle Entscheidungen unseres

Lebens mit einzubeziehen. Der Verstand alleine kann eine solche Weisheit nie erlangen. Als Diener der Gesamtpersönlichkeit, als Werkzeug der Seele, ist er ein ganz wundervoller Bestandteil unseres Seins.

Wenn Sie das Gefühl haben, zu funktionieren, statt zu leben, sind Sie an einer ähnlichen Stelle, an der René damals war. Tägliches Üben, bewusstes Atmen, wird Ihnen helfen, sich ein klein wenig abzulösen von der Dominanz des Intellektes.

6. Die Seele als liebevolle und weise Instanz (an)erkennen

Hier werden Sie Zeuge, wie Sophia und René völlig unwillkürlich beginnen, ihre Leben als Cokreationen mit ihrer Seele und ihrem großen Bewusstsein zu gestalten.

Die Erfahrungen von Sophia und René erweitern zwangsläufig das Bewusstsein. Was war mit diesen beiden passiert? Wir haben es hier mit zwei ausgesprochen intelligenten Menschen zu tun, die ihren Job im Leben hervorragend meistern, wenn man das auf der äußeren Ebene sieht. Und genau hier liegt das Problem. Sophia hatte all ihrer Wahrnehmungsorgane nach außen gerichtet. Sie war bemüht, ihr Haus in Ordnung zu halten, ihren Kindern eine gute Mutter zu sein, eine liebevolle Partnerschaft zu leben und im Beruf erfolgreich zu sein. Ausrichtungen, die schon lange Zeit den Sinn ihres Lebens ausmachten. Alle Gefühle, die sie bewusst erlebte, wurden dem Verstand untergeordnet. Mit der Zeit nahm sie ihre Gefühle immer weniger wahr. Emotionen wurden auf der äußeren Ebene nicht wirklich gebraucht. Der Verstand räumte permanent ihr Leben auf, wie man Bücher in einem Regal sortiert. Dieses Regal war stets schön anzusehen, nur die erwartete Zufriedenheit stellte sich nicht ein.

Es gibt also offensichtlich etwas in Sophias Leben, dass sie zu allen möglichen und unmöglichen Zeiten mit dieser Unzufriedenheit konfrontiert. Der Verstand als Gegenspieler war ständig präsent. Du bist undankbar. Es gibt Menschen, die leiden Hunger und du jammerst hier rum." Immer war sie bemüht, die Gründe für ihre unangenehmen Gefühle im Außen zu suchen. Da war die lange Krankheit ihres Sohnes gewesen, die den Tagesablauf durcheinandergebracht hatte: „Wenn dieser Stress vorüber ist, dann ist auch die Ruhe wieder da." Aber die innere Ruhe stellte sich nicht ein. „In diesem ungemütlichen Schlafzimmer kann ich mich unmöglich entspannen. Wir sollten ein paar Dinge wegwerfen und es gründlich renovieren." Die Renovierungsarbeiten erhöhten natürlich den Stress. Der Sommer kam. Der Garten erstrahlte in seiner schönsten Pracht und Sophia saß mitten darin, eingehüllt in das tiefe Grau, dass diese unerklärliche Traurigkeit immer wieder erschuf.

Nun hatte Sophia gelernt, ihre Wahrnehmungsorgane nach innen zu lenken. Losgelöst von sämtlichen Mustern und Idealen befreundete sie sich mit ihrem Atem. Der Atem lehrt uns die Gesetze des Lebens. Der Atem ist ständiger Wandel und Bewegung. Wir nehmen auf und verbinden uns über den Atem mit allem, was ist. Wir können uns nicht entziehen, sondern sind immer mitten drin – verbunden mit allem. Was wir aufgenommen haben, geben wir beim Ausatmen auch wieder zurück. Einen kleinen Teil des Sauerstoffs haben wir in unserem Körper aufgenommen. Jede Zelle wird versorgt. Bei tiefem Spüren bemerken wir, dass nicht nur alles um uns herum in ständiger Bewegung ist, sondern auch in unserem Inneren. Dieses tiefe Spüren setzt voraus, dass die Wahrnehmung nach innen gerichtete wird. Seitdem Sophia dieses innere Spüren täglich in ihr Leben integriert, verändert es sich vollkommen. Die Ruhe, die sie durch äußere Arrangements erschaffen wollte, findet sie schließlich in sich selbst. Die tägliche Verbindung mit dem Atem führt zu einer neuen Selbstwahrnehmung. Es gelingt ihr, mit einer

Instanz in sich Kontakt aufzunehmen, die liebevoll und unendlich weise ist: ihre Seele. Dieser Kontakt mit der inneren Ruhe und der spürbaren Sicherheit, neue Wahrheiten im eigenen Inneren zu finden, schenkt Sophia ein Vertrauen, das sie bisher nicht gekannt hat. Sophia war eine „Macherin". Sie war es gewohnt, den Schwierigkeiten, die das Leben bot ins Auge zu sehen. Schon hatte sie sie gemeistert, angepackt und gestaltet, aufgeräumt eben. Dies setzte voraus, dass sie ihr Leben ständig kontrollieren musste. Die Umgebung wurde abgesucht. Gab es ein Defizit, dann sollte dies sofort beseitigt werden. Es ist nicht nur anstrengend, sondern es verschafft auch eine Haltung dem Leben gegenüber, die sie selbst beschreibt: „Das Leben ist eine ständige Herausforderung. Wo ist die nächste und wie kann ich sie meistern." So entwickelt sich eine Art Gegnerschaft zum Leben.

Das neue Vertrauen, das jetzt als kleine Pflanze in Sophia wächst, erschafft eine neue Sicht. Vertrauen erschafft das Gefühl eines Miteinanders. Sophia beginnt von der „Macherin" zu einem Menschen zu werden, der das Sein als eine „Cokreation" sieht. Die Handlungsimpulse entstehen nun aus der Innenwahrnehmung, dem Kontakt mit der Seele und der Außenwahrnehmung gleichzeitig.

Vielleicht erinnern Sie sich. Sophia war scheinbar grundlos traurig gewesen. Da hatte sie die kleine Hand ihres Sohnes Jonathan zärtlich berührt. Dies war in der Vergangenheit häufiger geschehen. Diesmal konnte diese kleine Hand jedoch in Sophias gesamtes Bewusstsein vordringen. Jonathans Mitgefühl verband sich mit Sophias Mitgefühl mit sich selbst. Dieser Kontakt drang tief in ihre Seele und es entstand Vertrauen in das Leben, in das Sein. In Sophia breitete sich Freude aus. Eine

75

Freude, die durch eine Berührung entstanden war, die aber weit darüber hinausgeht. Die winzige Berührung ist zum Auslöser geworden. Für eine wundervolle Erfahrung. Immer, wenn Menschen im Verein mit ihrer Seele in ein Gefühl eintauchen, das sich wie Verbundenheit anfühlt, entsteht eine Art grundloser Freude. Eine Freude, die weit über das hinausgeht, was eine Berührung erschaffen kann. Wir können dies Einheitsbewusstsein nennen.

Ja, und was war mit René geschehen? Er hatte sich mit seiner Partnerin Marie in einer zehnjährigen Beziehung befunden. Nach eigenen Aussagen hatte diese Beziehung sehr freudvoll begonnen. An die Stelle von zärtlichen Begegnungen waren schließlich jedoch verletzende Streits getreten. Wie auch immer dies geschehen war, es hatte einen Zustand erzeugt, der ihre Herzen erfrieren ließ. So konnten die beiden nur noch ihre jeweiligen Oberflächen erreichen. Marie, die anfangs stark den Wunsch verspürt hatte, eine Familie zu gründen, zog sich häufiger zurück. Noch eine lange Zeit begegneten sie sich auf der Ebene der Außenwelt. Sie unternahmen weite Reisen, bei denen alle Probleme verschwunden schienen. Sie lebten schnell verfließende Freuden. Die wärmende Sonne Balis ließ auch wieder wärmere Worte aus ihnen hervorsprudeln. René und Marie konnten jedoch nicht mehr in eine Vertrautheit der Herzen zurückfinden. Lange vor ihrer Trennung hatten ihre Seelen nach neuen Wegen gesucht. Sobald sie in den Alltag zurückgekehrt waren, gab es erneut Streit und tiefgefrorene Herzen erzeugten gefrorene Wörter, die verletzend waren wie Messer aus Eis. Der Verstand war noch lange nicht bereit, diesen Sachverhalt zu akzeptieren.

René ist ein begabter Schüler. An Konzentration gewöhnt, in der Fokussierung seiner Handlungen geschult, erreicht der „Roboter mit dem Gedankenchaos" sehr schnell lange Zeiträume, in denen seine Denkmaschine im Standby-Modus arbeitet. Zu Beginn unserer Arbeit fühlte er sich nahe an einem Burn-out. So trieb ihn die Sehnsucht nach Ruhe voran und beschenkte ihn mit einem auftauenden Herzen.

Diesen Zustand bemerkte René nicht von allein - nicht während es geschah - nicht während der Erfahrung des Leerraumes beim Atmen, sondern danach! In diesem Leeraum können Menschen ihrer Seele begegnen und es entstehen Gefühle von Frieden oder Freude. Die Botschaft der Seele trifft das große, individuelle Bewusstseins meist hinterher. Im Leerraum jedoch geschieht der eigentliche kreative Prozess als Cokreation.

7. Der Morgen weiß mehr als der Abend

Hier begegnen Sie fundamentalen Kenntnissen aus der Traumforschung, die Ihnen den Zugang zu einem weiteren schöpferischen „Leerraum" für Seelenbegegnungen öffnen, und im Folgenden einen tieferen Einblick in die Körper-Seele-Kommunikation liefern wird.

Im Seelencoaching 3 erfahren Sie, wie Sie die Lebensenergie Prana in Ihrem Energiekörper verteilen, diesen reinigen und anschließend für feinstoffliche Erlebnisse nutzen können.

Sie erfahren, wie die Seele ab und zu erholsamen nächtlichen Heimaturlaub nimmt und Ihre Verbindung mit dem Urgrund allen Seins stabilisiert.

So vorbereitet, teilt René seine transformierenden Traumerfahrungen mit Ihnen und bereiten Sie damit auf den Sprung ins „Dritte Bewusstsein" vor.

Ich bemühe mich sehr, Auseinandersetzungen mit meinem Mann oder anderen Menschen nicht mit in die Nachtruhe hineinzunehmen. Nicht immer lassen sich Meinungsverschiedenheiten klären, aber es bleibt immer möglich, die unterschiedlichen Perspektiven zu respektieren und den Dialog darüber zu verschieben. „Der Morgen weiß mehr als der Abend!" Diesen Satz habe ich oft von meiner Großmutter gehört. D.h., schon unsere Vorfahren wussten, nachts geschieht etwas, dass sich oft hilfreich für uns auswirkt. Pramahansa Yogananda schreibt in seinem Lehrbrief der Stufe 1 Nr. 10: „In der Nacht werden wir alle zu Yogis." Gemeint ist, in der Nacht verfügen wir über Fähigkeiten, die wir am Tag nicht haben. Während der Nacht spüren wir unseren Körper nicht, wenn wir tief schlafen. Unsere Wahrnehmung verändert sich also nachts ganz automatisch. Wenn wir erwachen, fühlt es sich an, als würden wir auftauchen. Als kämen wir zurück, aus einer anderen Welt. Wissenschaftler haben festgestellt, dass wir praktisch in jeder Nacht, besonders in der zweiten Hälfte, träumen. Wir erinnern uns jedoch nicht immer daran. Wenn wir auftauchen und uns erinnern können, so haben wir in den Träumen häufig Fähigkeiten, die uns im Alltag fehlen. Wir fliegen und betrachten das Geschehen gewissermaßen aus der Vogelperspektive. Wir wechseln die Zeitebenen in die Vergangenheit oder die Zukunft. Alle Wunden, die wir uns in Traumgefechten schlagen, sind verheilten, wenn wir erwachen. Wir können ein Kind sein, ein Mann oder eine Frau und immer wissen wir ganz genau, wie sich das anfühlt. Wir verlieren in der Nacht also den Teil unseres Selbst, mit dem wir uns im Wachbewusstsein identifizieren: unser Ego. Wir können fremde Sprachen sprechen, Werkzeuge benutzen und Geräte bedienen, die unser Wachbewusstsein nicht kennt. Die Traumforschung belegt, dass Menschen, die mit körperlichen Behinderungen geboren wurden, im Traum gesund und frei von allen Gebrechen sein können. So berichten z.B. taubstumm geborene Menschen davon, im Traumerleben gehört zu haben (Vgl. Schredel S. 57). Diese Beispiele mögen genügen, um zu zeigen, dass dieser Leerraum, den wir Schlaf nennen, ausgesprochen schöpferisch ist.

Wie gelangen wir nun in diesen leeren Raum?

Loslassen, die Atemfrequenz herabsetzen, entspannen! Die Arbeitsgeschwindigkeit unseres Gehirns wechselt erst in den Alphazustand und schließlich in noch niedrigere Schwingungszustände, die nicht bei jedem Menschen gleich sind. Alle Menschen träumen in der Nacht. Dies geschieht in der REM Phase (etwa 20% der Nacht). Dies ist eine Phase mit erhöhter Augenbewegung (Rapid Eye Movement), aber auch in der so genannten nicht REM Phase (NREM) träumen Menschen. Messungen der Augenbewegung mittels Elektrookulogramm (EOG) zeigen eine stärkere Augenbewegung als sie am Tag zu messen ist (vgl. ebenda Seite 10). Im NREM Schlaf (etwa 75% der Nacht), schaltet das Gehirn in eine Art Energiesparmodus um. Träume aus dieser Zeit entsprechen eher flüchtigen Gedankenketten. Im REM Schlaf ist das Gehirn allerdings höchst aktiv. Es muss also etwas geben, das für den Organismus ausgesprochen wichtig ist, so dass dafür viel Energie bereitgestellt wird. Eine mögliche Antwort: die Träume (vgl. ebenda Seite 14).

Hier möchte ich ebenfalls bemerken, dass Babys beim Schlafen 50 % REM Phasen aufweisen. Wenn wir davon ausgehen, dass Säuglinge meist 18 % des Tages verschlafen, ergibt das eine enorme Menge an Energie, die der Körper bereitstellen muss, um soviel Hirnaktivität zu ermöglichen. Es passiert also in dieser frühen Lebensphase etwas, was bis heute rätselhaft erscheint. Für mich scheint es denkbar, dass die Gehirne von uns Menschen in dieser frühen Phase über die Medulla Oblogata, den Mund Gottes, sozusagen mit ihrem Seelenauftrag bespielt werden. Denn einig ist sich die Hirnforschung auch darüber, dass das, was ein Mensch erlebt, dass seine Persönlichkeitsstruktur, und seine emotionale Situation, eine Auswirkung auf das Traumerleben hat.

Viele Menschen haben bisher berichtet, im Traum geflogen zu sein. Die Fähigkeit, die Welt aus der Vogelperspektive zu sehen und durch die Luft zu fliegen, zeigt sich weit häufiger in Träumen von Menschen mit einer positiven Lebenseinstellung. Träume, in denen Menschen aus unbekannten Höhen fallen oder abstürzen kommen signifikant häufiger im Leben von Menschen vor, die in einer angstvollen oder pessimistischen Lebensphase sind (Vgl. ebenda Seite 57). Was ein Mensch erlebt, wirkt sich also mit Sicherheit auf sein Traumerleben aus. Daher ist es signifikant wichtig, in einer positiven Lebenshaltung den Tag enden zu lassen. Sie werden die Erfahrung machen, wenn es Ihnen gelingt, den Tag in einer gewissen Gedankenarmut zu beenden, weist Ihr Schlaf mehr erholsame Tiefschlafphasen in der NREM-Zeit auf.

Seelencoaching 3: **Atmen über den physischen Körper hinaus**

Machen Sie sich vertraut mit der Lage der Chakren in ihrem Körper.

81

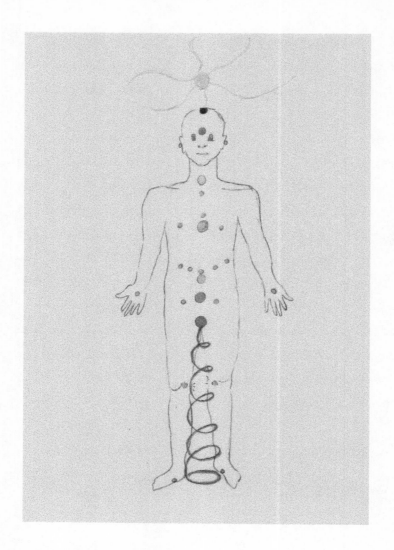

Lage der 9 Hauptchakren

Spiritchakra   (im Zentrum des Universums)

Seelenchakra   (oberhalb des Kopfes)

Kronenchakra	(am höchsten Scheitelpunkt)
Stirnchaka	(zwischen den Augenbrauen)
Kehlchakra	(im Bereich der Kehle)
Herzchakra	(auf der Höhe des Herzens in der Körpermitte)
Solarplexuschakra	(etwa 3 cm oberhalb des Nabels)
Sacrakchakra	(etwa 8 cm unterhalb des Bauchnabels)
Wurzelchakra	(im tiefsten Punkt des Beckens)

Die 21 kleineren Chakren sind in der Abbildung gelblich, pastellig dargestellt.

Etwa 1000 kleinste Chakren liegen entlang der Meridiane und sind hier nicht abgebildet.

Beginnen Sie wie gewohnt mit dem Atemtraining. Ziehen Sie dann Ihre Sinne bewusst aus der Außenwelt zurück. Lenken Sie den Fokus auf die Erforschung Ihrer Chakren. Konzentrieren Sie sich am Anfang auf Ihr Stirnchakra, in der Mitte Ihres Kopfes zwischen den Augenbrauen. Die Wurzel eines jeden Chakras mündet in den Energiehauptkanal, der hinter der Wirbelsäule verläuft und es öffnet sich in die Energiehülle, die Ihren Körper umgibt, in Ihre Aura.

Spüren Sie in sich hinein. Erforschen Sie Ihren Körper gleichsam von innen. Fühlen Sie den Energiezustand jedes Chakras. Ähnlich wie es ein physisches Nervensystem gibt, so gibt es auch Astralnerven, die Nadis. Die Nadis, Ida und Pingala, beginnen beim Browchakra, umkreisen den Energiehauptkanal im Rückenmark spiralförmig, wobei sie jedes

Chakra kreuzen und schließlich Shakti Kundalini unterhalb des Wurzelchakras berühren.

Mit jedem bewussten Atemzug nehmen Sie Pranaenergie, eine feinstoffliche Lebensenergie, auf. Die Astralnerven erspüren, wo Prana gebraucht wird und verteilen es mit der Ausatmung über die Chakras und die insgesamt 72 000 Astralnerven im Körper bis in die Aura hinein. Nehmen Sie diesen Zustand wahr, indem Sie in jedes Chakra einzeln ausatmen und abwarten, bis der Impuls kommt einzuatmen. All das, was Sie aus den Chakren wieder einatmen, führen Sie durch den Energiehauptkanal über Ihren Körper hinaus in die Chakras oberhalb des Kopfes und im Universum. Sie reichen es sozusagen weiter an eine Macht, die größer ist als Sie. Wichtig hierbei ist, dass Sie tief ein- und in die verschiedenen Chakren ausatmen. In die Leere dieses Ausatmens hinein fließt die Pranaenergie entsprechend der inneren Wahrnehmung. Werten Sie nichts, suchen Sie nicht nach Worten für diesen Vorgang, nehmen Sie nur wahr und geben Sie ab. In dieser Weise erspüren Sie den Zustand all Ihrer Hauptchakras und führen das Erspürte in Ihre Aura ab. Von dort aus wird es dem Universum zurückgegeben. So atmen Sie sich durch Ihre acht Hauptchakras. Dabei verlangsamt sich Ihre Atmung ganz allmählich. Sie werden ruhiger; der Fokus Ihrer Wahrnehmung richtet sich immer einfacher nach Innen. Außerdem reinigen Sie Ihre Chakras auf diese Weise. Chakren sind feinstoffliche Energieaufnahme und -abgabeorgane.

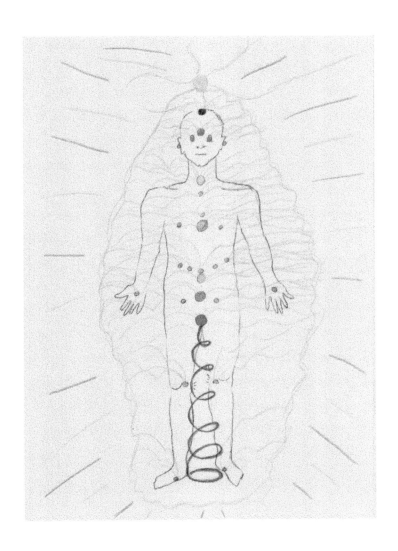

Die Auraschichten

Jedes Chakra strahlt seine Energie in die Auraschichten ab, die uns umgeben. Ein Mensch bildet so ein Energiefeld um sich, das leicht wahrnehmbar ist. Ohne, dass wir einen Menschen gesprochen haben, wissen wir, ob er uns sympathisch oder unsympathisch ist. Entfaltet das Seelenchakra seine Energie um einen Menschen, so erstrahlt dies wie eine Sonne, die fühlbar, aber für die meisten Menschen nicht sichtbar ist.

Es ist ganz natürlich, dass diese feinstofflichen Organe häufig etwas aufnehmen, was sich in ihnen festsetzt. Durch die oben beschriebenen Reinigungsübungen bleiben Ihre Chakren durchlässig und Sie werden sich insgesamt leichter fühlen, da Ihr Energiekörper mehr Prana aufnehmen kann. Seit meiner Ausbildung an der International School of Spiritual Healing and Development gehört dies in immer verfeinerter Form zur alltäglichen Routine als Grundvoraussetzung für meine Arbeit. Von den Bewohnern des sagenumwobenen Atlantis, deren Wahrnehmungsfähigkeiten heute kaum noch vorstellbar erscheinen, wird nach Aussagen des Chanals Pavlina Klemm berichtet, dass für sie die tägliche Reinigung ihrer Chakras die morgendliche Hygiene ergänzte wie bei uns das Zähneputzen.

Ähnlich, wie die Übung des bewussten Atems allmählich mehr Ruhe in Ihr Leben bringt und Wahrnehmungen Ihrer selbst ermöglicht, die Ihnen vorher verschlossen waren, führt Sie diese Innenschau langsam in einen erweiterten Bewusstseinszustand. Dabei ist es nicht wichtig, ob Sie sich die einzelnen Chakren bildlich vorstellen können in ihren Farben und Formen. Entscheidend ist, dass Sie in Ihrem Bewusstsein verankern, dass Sie Prana, die Nahrung Ihrer Seele und Ihres Astralkörpers, mit jedem bewussten Atemzug aufnehmen. Die Energie findet auch unwillkürlich, also ohne Ihre Steuerung, zu den Stellen Ihres Energiekörpers, wo sie gebraucht wird.

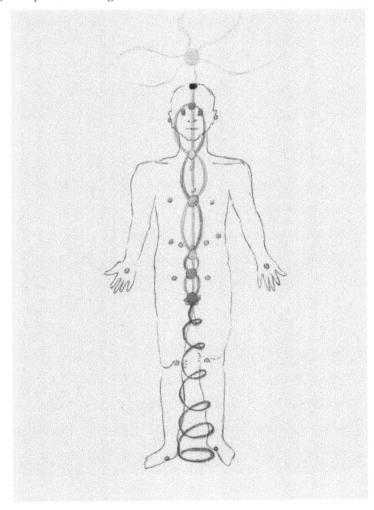

Lage der Astralnerven

Die Astralnerven entspringen dem Stirnchakra. Linksseitig befindet sich Ida (hellblau dargestellt) und rechtsseitig Pingala (graublau dargestellt). Innerhalb der Nase befinden sich muschelartige Sensoren der Astralnerven, zur Aufnahme von Prana. Etwa 72.000 Astralnerven verlaufen entlang des Körpers. Sie sind in der Abbildung nicht dargestellt.

Unterhalb des Wurzelchakras ruht die schlafende Kundalini (grün dargestellt).

Prana ist ein ätherischer Bewusstseinsstrom, der uns mit der göttlichen Bewusstheit, dem Urgrund allen Seins verbindet. Auf diese Weise erkennen Sie Ihre Innenwelten als Spiegel der Außenwelt. Alles, was Sie im Außen entdecken, werden Sie irgendwann auch in Ihrem eigenen Inneren entdecken. Immer mehr wird dann innen und außen zu einer großen Einheit werden.

Unser Unterbewusstsein nimmt zum Beispiel alle visuellen Signale auf, wenn wir uns durch eine Menschenmenge bewegen. Bewusst nehmen wir davon sehr viel weniger auf. Die Speicherkapazität unseres Wachbewusstseins beträgt nur etwa 2000 Bits/s. Dies ist schon enorm viel. Die Speicherkapazität unseres Unterbewusstseins allerdings beträgt 20.000 Bits/s. Nur unsere Sprache und die wissenschaftliche Psychologie trennen diese Bewusstseinsformen. Nach meiner Auffassung bewegen wir uns ständig unter der Benutzung beider Bewusstseinsanteile durchs Leben. Ich spreche deshalb vom großen individuellen Bewusstsein und meine damit die Verschmelzung dieser beiden Formen des Bewusstseins.

Wenn Sie sich im Verkehr befinden, sollte Sie Ihr Wachbewusstsein auf eine rote Ampel aufmerksam machen. Der berühmte „Mann mit Hut", der vermutlich gleich die rechte Fahrspur neben Ihnen verlassen wird, um dann fast direkt vor Ihnen auf Ihre Spur zu wechseln. Diesen Fahrer hat Ihr Unterbewusstsein hoffentlich schon lange vor dem Zeitpunkt entdeckt, an dem er tatsächlich die Spur wechselt. So arbeiten diese beiden Bewusstseinsformen permanent zusammen. Sie wechseln während des Tages sehr häufig von der einen in die andere Bewusstseinsform und gestalten damit souverän unter Zuhilfenahme Ihres großen individuellen Bewusstseins Ihr Leben.

Ebenso verhält es sich mit der Wahrnehmung Ihres inneren Seins. Um Ihr Leben zu einer Cokreation werden zu lassen, müssen Sie üben. Üben in Ihrem Inneren einen leeren Raum zu erschaffen, der Ihnen den Kontakt mit Ihrer Seele ermöglicht. Ihre innere Wahrnehmung zu schulen ist eine Voraussetzung, damit Sie Ihr Innerstes erleben und die Botschaften der Seele wahrnehmen können. So können Sie ähnlich erfolgreich, wie Sie sich im Straßenverkehr bewegen, sicher zu den Zielen gelangen, die Sie mit einem glücklichen Leben beschenken.

Die Zeit des Schlafs ist ein solcher Leerraum für das Wachbewusstsein, in der viele schöpferische Momente enthalten sein können. Praktizieren Sie vor dem Einschlafen Ihre Chakrenreinigung. Auf diese Weise verlangsamt sich Ihr Atem. Sie können anschließend mit einer größeren Leichtigkeit in die feinstoffliche Welt der Träume hinübergleiten. Legen

Sie sich auf den Rücken. Dann können Sie bequem einen Unterarm aufstellen. Dieser aufgestellte Unterarm zeigt Ihnen, wann Sie noch im Kontakt mit Ihrem Wachbewusstsein sind. Solange Ihr Arm aufgestellt ist, können Sie sich mit Ihrer Chakrenreinigung beschäftigen. Sinkt der Arm nach unten, gleiten Sie in die Welt des Schlafs.

Auf diese Weise können Sie trainieren, möglichst lange die Frequenz des Alphazustands aufrechtzuerhalten. Das bewusste Verweilen können in diesem ausgesprochen kreativen Zustand ist gleichermaßen produktiv wie erholsam.

Wenn Sie nun in den Zustand des Schlafs hinübergleiten, kehrt sich Ihr Fokus, ob Sie es nun wollen oder nicht, nach innen. Sie müssen loslassen. Achten Sie einmal bewusst darauf, wie häufig Sie am Morgen erwachen und plötzlich eine Inspiration oder eine komplette Idee haben. Es ist so ähnlich wie bei René. Sein erfrorenes Herz konnte er erst erkennen, als die eigentliche Atemübung, das Sinken in den Leerraum, beendet war.

Wer oder was arbeitet da in der Nacht?

Mit Sicherheit bewirkt der Abstand, also die neue Perspektive auf ein mögliches Problem etwas. Aber auch nachts ist unser Gehirn aktiv. Durch die fehlenden neuen Informationseingaben von außen kann der Frontalkortex aufräumen. Dies geschieht, wenn wir Alltagsträume haben. Dabei träumen wir weiter, was wir am Tage nicht geschafft haben.

Es gibt alltagsbezogene Träume, in deren Mittelpunkt große Gefühle stehen. Damit setzen wir auf der emotionalen Ebene fort, was wir am Tage nicht betrachten wollten. Es scheint so, als gäbe es eine Instanz in uns, die unabhängig von unserem individuellen Bewusstsein entscheidet, womit wir uns nachts zu beschäftigen haben.

Fragen wir C. G. Jung, so übernimmt in der Nacht das Unterbewusstsein die Führung und die Auseinandersetzung mit den Träumen dient dazu, den Individuationsprozess voranschreiten zu lassen. Es geht also um seelische Reifung. Ich biete Ihnen an, sich mit der Vorstellung anzufreunden, dass ihre Seele in Tiefschlafphasen ab und zu Heimaturlaub macht. Sowie Kinder bis zum Alter von drei bis fünf Jahren häufig noch die Erdenebene verlassen, um ihrer Seele zu erlauben, im Urgrund allen Seins neue Kraft zu tanken, so geht auch Ihre Seele in der Nacht Kraft tanken im Urgrund allen Seins. Während des REM Schlafes allerdings ist sie tatkräftig bemüht, als göttlicher Funken Ihr Leben konstruktiv auf ihre Weise mitzugestalten. Während es mehr oder weniger unbestritten ist, dass die Beschäftigung mit Trauminhalten das Verständnis für sich selbst stark erhöhen, bietet die differenzierte wissenschaftliche Auseinandersetzung mit der Funktion des Träumens weitere spannende Anhaltspunkte für die Körper-Seele-Kommunikation.

Das Gehirns befindet sich während des REM Schlafes definitiv in einem anderen Zustand, als wir ihn während des Wachseins erleben. Die Aktivität im Präfrontalkortex, der unser Arbeitsgedächtnis enthält und tagsüber dafür sorgt, dass wir planvoll handeln können, ist herunterreguliert. Dieser Diener des Verstandes darf in den Hintergrund treten. Aber im Hirnstamm ist eine erhöhte Aktivität zu bemerken. Ebenso die temporal-occipitale Region des Gehirns. Dies ist das Zentrum, das es möglich macht, uns tagsüber visuelle Bilder im Kopf vorzustellen. Wie sonst könnten Sie die Bilder der Seele erreichen? Auch die Amygdala („Mandelkern") zeigt eine höhere Aktivität als im Wachzustand (Vgl. Schredel, Seite 197 f). Neurologisch betrachtet ist die Amygdala für die emotionale Einschätzung von Situationen verantwortlich. All dies speichern wir im Körpergedächtnis. Ihre Aktivität wird durch die Prägung früherer Ereignisse getriggert. Ist dies der emotionale Eingangskanal? Wird die innere „Alarmglocke geläutet", um die tiefe Wirksamkeit von Träumen sicher zu stellen?

Vergleichen wir dies nun mit der spirituellen Anatomie, die uns Pramahansa Yogananda als Schüler von Sri Yukteswar zeigt, so befindet sich in Ihrem Stammhirn der Ort, an dem die Seele bei der Verschmelzung von Ei und Samenzelle hinzukommt und bleibt. Die Medulla Oblongata (der „Mund Gottes") liegt in der Basis des Gehirns. „Sie entsteht aus der befruchteten Eizelle, der ursprünglichen Zelle, in welche die Seele im Augenblick der Empfängnis eingeht." (Pramahansa 2, Seite 194).

Im Rahmen meiner spirituellen therapeutischen Ausbildung, die auf die Arbeit von Frau Dr. Barbara Ann Brennen zurückgeht, lernte ich eine Intervention, in deren Mittelpunkt der „Mouth of God" steht. Ein

Griff, bei dem genau diese Stelle des Kopfes berührt und unterstützt wird, die zu diesem Ort des Seelentores führt.

Für mich ist es vorstellbar, dass die Seele durch eben diese Pforte nachts den Körper verlässt. Sie bleibt trotzdem in einem ständigen Kontakt mit ihm, während sie in göttliche Bereiche zurückkehrt und anschließend wieder in den Körper eintritt. Für diese Theorie spricht die Tatsache, dass im REM Schlaf besonders das Stammhirn aktiv ist. Der höchste Anteil des REM Schafs ist bei Säuglingen und dem Embryo mit 75% zu finden. Erst etwa ab dem dritten Lebensjahr entspricht er mit 20% dem Anteil eines Erwachsenen. Möglich ist es, hier einen physischen Reifungsprozess zu vermuten, der bisher jedoch nicht nachgewiesen werden konnte (Vgl. Schredel, Seite 317).

Ich möchte mich der Theorie des französischen Traumforschers Micheal Jouvet anschließen, der vermutet, dass in dieser Zeit eine Art Programmierung des Gehirns stattfindet, die die Individualität des Menschen sicherstellt. Er vergleicht dies mit der Programmierung eines Computers. „Es wäre dann mit einer Software zu vergleichen, die von Zeit zu Zeit aufgespielt wird, damit die Maschine (Hardware) unterschiedliche Ausprägungen (Stärken, Schwächen) erhält. Es gibt auch Theoretiker, die im Rahmen der Computeranalogieden REM Schlaf und somit das Träumen als einen Warm Boot sehen, d.h. das System wird herunter gefahren und die „Software" neu aufgespielt." (Schredel S. 318). In diesem Falle wäre dann die Seele ganz besonders am Anfang eines Lebens hoch aktiv, um die Signale des individuellen Splitters Gottes in der menschlichen Individualität zu verankern. Hierzu passt die kompensatorische Funktion des Träumens, die hinreichend durch C.G. Jung untermauert wurde. Der Traum schwächt so die Identifikation eines Menschen mit den Inhalten seines Wachbewusstseins ab. Damit wird seine Entwicklung erst zur Individuation oder später zur Ganzheit unterstützt.

Spannend ist auch die Mastery-Hypothese von Janet Wright und David Koulack, die davon ausgehen, dass auch Träume, ähnlich wie Denken und Erleben für das Wachbewusstsein, die Aufgabe haben, Lösungen für Probleme zu finden oder Zusammenhänge für das Wachbewusstsein ersichtlich werden zu lassen. So greifen Träume für ihre Problemfindung ebenfalls auf Inhalte aus dem großen individuellen Bewusstsein. Sie verknüpfen Informationen aus der Vergangenheit mit denen der Gegenwart und gehen teilweise noch weit darüber hinaus. Ich gehe davon aus, dass Träume, an die Sie sich eindringlich erinnern, ein deutlicher Wink der Seele sind, durch deren Einwirkung Sie mit der göttlichen Bewusstheit verbunden werden können.

Konnte Ihre Seele während der Nacht ausgiebig im Urgrund allen Seins auftanken, so wachen Sie morgens auf, fühlen sich erfrischt und voller Tatendrang.

Unerledigte Dinge binden Ihre Seele in dem Leerraum der Nacht in Ihrem persönlichen Bewusstseinsfeld. Dann gibt es nächtliche Cokreationen: Horrorszenarien, wenn Sie sich auf einem Weg befinden, der alles andere als gut für Sie ist oder eine innere Spiegelung, dass z.B. die Geschäftigkeit Ihres Tages zu einer Geschäftigkeit des Nachts führt. Die Seele arbeitet immer mit Bildern, die ganz genau für Sie bestimmt sind, deshalb können Träume sehr eindringlich sein. Ähnlich wie Jonathans

Hand Sophia mitten ins Herz traf, so erschafft Ihre Seele mit Ihrem gro-ßen individuellen Bewusstsein häufig eine gemeinsame Cokreation, die Sie mitten ins Herz trifft. Dass diese Bilder sehr skurril sein und über real Erlebtes weit hinausgehen können, zeigen die beiden folgenden Träume.

Renés Fotos im Eis

René berichtet mir zwei aufeinanderfolgende Traumsequenzen, die ihn immer noch berühren. Er träumt sie etwa 10 Monate nach seiner Trennung. „Ich stehe auf einer dreitausend Kilometer langen Straße. Sie ist schnurgerade und völlig ohne Abwechslung. Ich laufe auf ihr entlang und denke: Der Weg ist noch weit. Etwa um drei Uhr nachts erwache ich schweißgebadet. Ich bin vollkommen irritiert über die Heftigkeit der unangenehmen Gefühle in mir. (In der Traditionellen Chinesischen Medizin ist das die Zeit zu Entgiftung: die „Leberzeit".) Schließlich schlafe ich wieder ein und träume, ich sei in einem Haus. Es fühlt sich an, als wäre es mein eigenes. Ich gehe zielstrebig in den Keller, um dort eine Tiefkühltruhe zu öffnen. Die gesamte Truhe enthält eingefrorenes Fotomaterial. Wieder wache ich erschreckt auf."

„Der Weg war langweilig … und freudlos", resümiert er mit gesenktem Kopf. Die Traumzeit deutet auf ein Problem mit der Leber hin. Biologisch gesehen ist es unser Entgiftungsorgan und psychisch gesehen das Areal zum Speichern von altem Groll. Und richtig – nachdem er wieder eingeschlafen ist, präsentiert ihm sein Traumteam ein ganzes Lager voller, „konservierter" Bilder aus der Vergangenheit. In der Traum-analyse kommen wir zu dem Schluss, dass die alten belastenden Dinge zwischen dem Paar hätten angeschaut und „aufgetaut" werden müssen, damit alte Emotionen hätten wegfließen und der gemeinsame öde All-tagsweg hätte begrünt werden können. Langsam gewinnt René Zugang zu seiner Wut, die ihm die Kraft gibt, die Trennung zu akzeptieren. Das Feuer des Zorns taut die eingefrorenen „Bilder" - die Gefühle – wieder auf, und gleichzeitig wärmt ihn dieses Feuer so von innen, dass er sich selbst wieder mehr spüren kann. Bisher hat René noch in jeder Sitzung mit Tränen in den Augen, den Verlust seiner Exfreundin betrauert. Die Überzeugung versagt zu haben, hat ihm den Blick verstellt, wie wenig nährend seine Exbeziehung gewesen war.

Aus eigener Erfahrung kann ich bestätigen: Je mehr ein Mensch sich für die Ebene des Traumes öffnet, desto greifbarere Informationen reicht ihm sein Traumteam zu. Die eingefrorenen Fotos sind für das Be-wusstsein von René ein Bild, das er sofort versteht, das auch so ein-dringlich ist, dass es ihn zum Handeln anregt. Humorvoll meint er spä-ter: „Was habe ich da für unnützes Zeug in meiner Tiefkühl-truhe?" Seine lebenslustige Seite verlangt: „Da müssen leckere Sachen rein." Und der Pragmatiker in ihm kommt schmunzelnd zu der Über-zeugung:„ Für so einen Schrott vergeudet man keinen Strom." Damit ist seine männliche Seite gefordert, seine Energien jetzt in eine konstrukti-vere Richtung zu lenken. Er gibt sich selbst die Hausaufgabe bis zur nächsten Sitzung wenigstens wieder einmal mit Freunden auszugehen.

Nächtliches Dreamteam

Sicher ist es das große individuelle Bewusstsein nicht allein. Denn dies ist auch am Tag verfügbar und René verfügt über ein sehr aktives Team von Wach- und Unterbewusstsein. Auch in der Verschmelzung dieser beiden, ist bisher nicht der geringste Impuls zur emotionalen Ablösung von seiner Exfreundin gekommen.

René ist inzwischen geübt, die Chakren zu reinigen und seiner Seele die Möglichkeit zu geben, des Nachts aufzutanken. Er berichtet von erholsamen Nächten in tiefem Schlaf. Und dennoch, in dieser Nacht vereinigte sich das Dreamteam: Seele und großes individuelles Bewusstsein. Es erschuf eine Cokreation, der sich René nicht mehr verschließen konnte. René hat einen Leerraum bereitgestellt, in dem andere Kräfte für ihn arbeiten können. Erst jetzt kommt der Impuls, das alte Leben loszulassen und in eine neue Zukunft zu starten. Es ist augenscheinlich ein größerer Leerraum nötig gewesen, um die Trauer zu überwinden und vorsichtige Schritte auf einen unabhängigen, neu gestalteten Lebensweg zu wagen.

Renés Trennung ist nun ein gutes Jahr her. 14 Tage nach der sehr emotionalen Auseinandersetzung mit seinem „grauen" Traum erzählt er mir, dass er da jemanden kennen gelernt habe. Eigentlich möchte er sich noch nicht auf eine neue Beziehung einlassen. „Wir haben uns beim Tanzen kennen gelernt, das ist mir noch nie passiert. Ich bin ja mit Freunden tanzen gegangen und hatte ursprünglich nur vor, mit meinen alten Freunden einen schönen Abend zu verbringen. Und irgendwann, ich weiß auch nicht genau wie, war Johanna plötzlich mitten unter uns.

Wir lachten und tanzten und dann gab sie mir ihre Telefonnummer. Ich sagte gleich spontan: „Vielleicht rufe ich mal an, aber ich habe keine Lust auf eine Beziehung. – Jetzt haben wir uns schon dreimal gesehen und es war jedes Mal sehr nett."

8. Das Bewusstsein erweitert sich: innere Augen - unbegrenztes Sehen?

In diesem Kapitel dürfen Sie mit René lernen den inneren Augen zu vertrauen und Sophia in die erschreckende und zugleich heilsame Welt ihrer Träume begleiten.

Sie erfahren, wie Sie Intuitionen und die bewusstseinsverengende Wirkung der Angst erkennen. Außerdem finden Sie den intuitionsfördernden Gelassenheitsfaktor der Seelencoachings.

Wie die Identifikation mit schmerzhafte Erlebnissen dazu führt in uns ein Ego zu etablieren, das uns aus der Einheit herauswirft aber auch wie es die Seele schafft, uns über Träume und Intuitionen wieder mit dieser Einheit zu verbinden, können Sie am Ende des Kapitels erforschen.

Sie lernen die Technik des luziden Träumens kennen und finden Parallelen zu Tranceerfahrungen, die Sie in den folgenden Kapiteln vertiefen und für Ihre Körper-Seele-Kommunikation nutzen können.

Offensichtlich hat sich René verändert, seitdem ihm das „Grau" in seiner Ex-Beziehung bewusst geworden ist. Mit den fünf Sinnen nehmen wir im Wesentlichen die Umwelt wahr. Wir richten unsere Augen nach außen, um festzustellen, welche Farbe der Himmel hat. Mit der Haut prüfen wir die Temperatur, um eine passende Kleidung auszuwählen. Der Geschmackssinn hilft uns bei der Auswahl der Speisen, die wir essen wollen. Wir hören am Klang der Stimme, ob uns ein Mensch wohlgesinnt ist. Der Gleichgewichtssinn ermöglicht es uns, die Balance zu halten. Lenken wir diese Sinne nach außen, so helfen Sie uns, mithilfe unserer Wahrnehmung eine Wahrheit für uns zu erschaffen, die aus unserer Perspektive richtig ist und hilft, uns im Alltag zu orientieren. Solange René seine Wahrnehmung auf äußere Reize gelenkt hatte, blieb ihm seine innere Wirklichkeit verborgen. Die materiellen Traumstrände der Welt hatten den grauen Asphalt seines inneren Weges überdeckt.

Die inwendige Wirklichkeit wurde René durch Bilder bewusst, die er aus einer Zeit mitgebracht hat, in der seine Augen offensichtlich geschlossen waren. Michael Schredl gibt in seinem Buch „Träume" einen umfassenden Überblick über die aktuelle Traumforschung. Bereits weiter oben habe ich einige der dort beschriebenen Forschungsergebnisse wiedergegeben. Eins ist sicher. Wenn wir schlafen, gibt es in der so genannten REM Phase eine Zeit der verstärkten Augenbewegung mit hoher Gehirnaktivität. Auch in der so genannten NREM Zeit, in der also keine verstärkten Augenbewegungen messbar sind, ist unser Gehirn aktiv. Personen, die im Schlaflabor kurz nach der NREM Zeit geweckt wurden, berichteten eher von Gedankenketten als von einem Traumgeschehen (Vgl. ebenda Seite 14). Hier wirken wohl stärker die Fähigkeiten des Verstandes. Die Beschreibungen von Träumen, die Menschen in Schlaflaboren nach der REM-Phase abgeben oder solche, die wir aus Traumprotokollen kennen, geben umfangreichere Geschehnisse wieder. Ein Geschehen, das meist in Farben beschrieben wird. Geräusche und Berührungen werden ebenfalls erinnert. Darstellungen von Gerüchen treten sehr selten auf, sind jedoch nicht unmöglich (Vgl. ebenda Seite 52). Wie also ist es möglich, dass ein Mensch, der offensichtlich ohne jede Bewegung auf einem Bett liegt, solche Eindrücke wiedergeben kann. Die Szenarien der Nacht werden mit inneren Wahrneh-mungsorganen wahrgenommen und durch die Reaktionen im Gehirn, z.b. unserer inneren Alarmglocke die Amygdala, verankert. René ver-traut seinen inneren Augen. Dies hilf ihm auch den Gefühlen zu ver-trauen, die ihn schließlich in ein neues persönliches Bewusstsein führen. Zusätzlich wirken die Übungen zur Reinigung seiner Chakren. Die vie-len belastenden Erfahrungen werden ausgewaschen und machen ihn empfänglich für eine neue Begegnung.

Sophias Baby im Garten der Träume

Sophia hat es an dieser Stelle nicht so leicht. Als Kind hatte sie Alb-träume und jetzt ist sie froh, dass sie sich nur sehr, sehr selten an einen Traum erinnern kann. Auf meine Frage, ob es in der Zwischenzeit einen interessanten Traum gegeben hätte, der ihr im Gedächtnis geblieben sei, antwortet sie meist mit einem Nein. Heute ist es anders. „Ich habe ge-träumt, aber ich kann mich nicht mehr an alles erinnern", eröffnet sie unsere Sitzung. „Ich war an einem Ort, den ich überhaupt nicht kenne. Wir haben irgendeine Party gefeiert. Auch all die Leute, die da waren, kenne ich nicht. Auf dem Fest habe ich mich trotzdem wohl gefühlt. Dann überkam mich wie aus heiterem Himmel eine Traurigkeit. Es war eine so tiefe Traurigkeit, wie ich sie bisher kaum erlebt habe. Ich wollte nicht mehr unter Menschen sein. Ich ging also nach draußen und befand mich in einer Art Garten. Es gab einen mächtigen Baum und es sah so aus, als würde eine Liane von oben herabhängen. Und an der Liane hing ein Affe. So dachte ich jedenfalls zunächst. Neugierig lief ich auf das

Tier zu. Je näher ich komme, desto mehr erschrecke ich. An der Liane hängt ein winziges Baby. Es ist völlig nackt und schaut mich aus großen traurigen Augen an. Ich schaue in diese Augen und dann lässt das Baby die Liane los. Es fällt immer tiefer und ich will hinzulaufen, um es aufzufangen. Es fällt und kommt nicht auf dem Boden an. Bevor es auf der Erde aufschlägt, ist es einfach weg. Ich erwache total erschreckt. Sehen Sie, ich habe Ihnen ja gleich gesagt. Wenn ich träume, wird es jedes Mal schrecklich."

„Wie haben sie sich gefühlt, als sie aufwachten?"

„Völlig zerschlagen, verärgert, hilflos, wütend, traurig, also das komplette Programm!"

„Und jetzt?"

„Jetzt bin ich nur noch traurig. Aber ich kann den Traum irgendwie nicht vergessen. Er sitzt in mir drin."

„Wo sitzt er denn genau? Wenn sie in ihren Körper hinein spüren, wo fühlen sie ihn?"

„Er sitzt wie ein Kloß im Bauch."

„Kennen sie dieses Gefühl?"

Erstaunt sieht mich Sophia an. „Mir ist zum Kotzen, wie meist in den ersten Monaten der Schwangerschaft."

Mit großen Augen und völlig ungläubig schaut mich Sophia an. „Mir fällt gerade meine zweite Schwangerschaft ein. Ich war wie immer im Stress. Mein Mann hat deswegen permanent mit mir geschimpft. Er freute sich auf das Baby. Aber ich hatte Angst meinen Job zu verlieren, wenn ich jetzt schon anfangen würde zu fehlen. Obwohl es mir schlecht ging, bin ich also jeden Morgen zur Arbeit gegangen. Und dann - habe ich das Kind verloren." Sophia laufen Tränen übers Gesicht. „Ich fühle mich immer noch schuldig."

„Welches Gefühl hatten sie, als sie das Baby im Traum angesehen hat?"

„Es hat mich so traurig angesehen. Ich fühlte mich sehr mit ihm verbunden. Es war so, als würden wir uns ohne Worte verstehen. Dann hat es losgelassen. Ist einfach weggegangen."

„Es hat also selbst losgelassen?"

„Ja, das hat es. Ich war damals in einer total beschissen Situation. Ich liebte meine Arbeit und auch meine Tochter Diana, die erst zwei Jahre alt war. Einerseits freute ich mich, wieder schwanger zu sein. Andererseits konnte ich mir nicht vorstellen, für ein zweites Kind eine gute Mutter zu sein. Das alles zusammen war einfach zu viel."

„Wenn sie an die Augen des Babys denken, dann war da ein Verstehen, haben Sie gesagt."

„Ich, ich glaube, in diesem einen kleinen Moment, haben wir beide verstanden, dass wir das so nicht wollen. Ich vermute, dieses Baby wollte nicht in mein Familienchaos kommen."

Traurig schaut Sophia zu Boden. „Ich glaube, wenn ich ein Baby gewesen wäre, wäre ich auch nicht geblieben."

„Glauben Sie das oder wissen Sie das?"

Nach kurzem Zögern antwortete Sofia. „Ja, ich weiß das. Es ist wie ein Wissen in mir drin."

„Sind Sie damit einverstanden, wenn wir dies in Zukunft inneres Wissen nennen? Ein inneres Wissen ist aus allen Perspektiven wahr. Gibt es eine Perspektive, aus der diese Erkenntnis nicht wahr ist?"

„Ich fühle mich jetzt nicht mehr schuldig. Da, wo immer diese Schwere in mir war, ist gerade Leichtigkeit. Mein Mann und ich haben uns nach meiner Fehlgeburt viel gestritten. Nie gab es eine wirkliche Ursache dafür. Ich weiß heute nicht einmal mehr, worüber wir so heftige Auseinandersetzungen führten. Ich glaube, nein, ich muss jetzt sagen ich weiß, er hat mir seinerzeit die Schuld dafür gegeben, dass das Kind in mir gestorben ist. Es fühlte sich körperlich und emotional furchtbar an. Aber mein Verstand hat ihm Recht gegeben. Inzwischen weiß ich, dass der Zeitpunkt damals einfach falsch gewesen wäre. Jetzt haben wir Jonathan. Ich habe mich von Anfang an sehr über diese Schwangerschaft gefreut. Diana war schon älter und viel selbstständiger und auch meine berufliche Situation war entspannt. Erst fünf Jahre später war der richtige Zeitpunkt. Jetzt kann ich mit meinem Mann auch darüber sprechen. Das wird endlich Frieden bringen."

Intuitionen

Was Sophia hier erlebt hat, ist die Entstehung von innerem Wissen. Häufig ist es ein plötzlicher Einfall, eine Intuition, die uns einen neuen Weg weist. Fragen wir das etymologische Wörterbuch, so sagt es uns: Eine Intuition ist eine unmittelbare Anschauung – eine Eingebung, ein ahnendes Erfassen." Wenn wir etwas intuitiv erfassen, dann ist das etwas, das durch unmittelbare Anschauung - also nicht durch Denken!! - erkennbar wird.

Sophia hatte schon oft über den Verlust ihres Babys in der zweiten Schwangerschaft nachgedacht. Sie hatte getrauert, sich schuldig gefühlt und gestritten. Ein Unfrieden war in das Familienleben gekommen, der auch durch die Geburt ihres zweiten Kindes nicht ganz aufgelöst werden konnte. Eine Schwere war geblieben. Es war ein plötzlicher Einfall gewesen – etwas war buchstäblich in sie hineingefallen - der Sophia auf den Weg ihrer Seele brachte, als sie mit mir über den Traum sprach.

Wenn Sie sich Gedanken darüber machen, was Ihre Seele Ihnen mit einem Traum sagen möchte, so stellt sich dieses Gefühl, dass Sie verstanden haben immer plötzlich ein. Es ist tatsächlich so, als würde Ihnen „ein Licht aufgehen" und in diesem Fall haben Sie Ihre Wahrheit gefunden. Eine Wahrheit, die aus allen Perspektiven gleich ist.

Sie werden merken, dass die wiederholten Übungen des Seelencoachings nicht nur Ihre körperliche Ruhe verändern. Über lange Zeit praktiziert, stellt sich ein emotionales Gleichgewicht ein. Außerdem können Sie liebevoller mit sich selbst und anderen Menschen umgehen. Der Fokus Ihrer gesamten Wahrnehmung erweitert sich, weil eine dritte Instanz mit ins Spiel kommt. Da sind nicht mehr nur die zwei Seiten einer Medaille, die übliche Polarität, die Sie bereits kennen, da ist eben auch diese dritte Instanz Ihrer Seele, die Ihnen hilft, die beiden Pole auszugleichen. Sie werden feststellen, wann immer ein starkes Wollen in Ihr Bewusstsein dringt und zu einem Begehren wird. Begehren verengt Ihren Fokus mit seiner zielgerichteten Ausrichtung des Denkens. Es funktioniert wie die Scheuklappen beim Pferd. Das restliche Sein wird ausgeblendet. Ein gesundes Wollen ist mit einer Motivation vergleichbar, die ein Ziel gefunden hat, aber alle anderen Lebensbereiche weiter wachsen lässt. Liebe erweitert Ihren Fokus, während ihn Angst verengt. Dies heißt nicht, dass Sie von nun an keine Angst mehr haben werden oder dass es ungut ist, angstvolle Gefühle zu bemerken. Nein, Sie sind nun in der Lage differenzierter damit umzugehen. Nehmen Sie vertrauensvoll Ihre Ängste mit in die Atemübungen. Sie können sie anschauen und loslassen, hineingeben ins Gewahrsein des leeren Raumes. Dabei werden Sie vermutlich beobachten, dass Sie jedes Mal anders aus einer Übung hervorgehen, als Sie hinein gekommen sind. Selbst große Lebensängste lassen sich bewältigen, wenn Sie voller Selbstliebe und Entschlossenheit mit den beschriebenen Werkzeugen umgehen. Diese Erfolge können sich in etwa verdoppeln durch ein bewusstes Eintauchen in einen langen Raum der Leere in einer Trance.

Wie das genau funktioniert, erfahren Sie im Kapitel (16) KRELETH®Wege: Beide Formen der Kommunikation mit der Seele vereinigen.

Die Seele verbindet den Menschen mit dem Urgrund allen Seins. Sie verbindet sich mit unserem großen individuellen Bewusstsein und dem kosmischen Bewusstsein. Sie ist ein schöpferischer Bewusstseinsstrom, der nur im Menschen wirken kann, wenn die innere und äußere Wahrnehmung fein genug ist. Die Intuition ist eins ihrer Werkzeuge.

Unser Leben ist also eine Art Kreislauf: Wir kommen aus einer Einheit, die wir Gott nennen können, Urgrund allen Seins oder universelles Bewusstsein. Durch die Geburt werden wir scheinbar getrennt. Schwierige, traumatische Erfahrungen verstärken das täuschende Gefühl der Trennung. *Wir fühlen uns vielleicht manchmal einsam.* Unsere Vorstellung von uns selbst, bringt unser von verstandesmäßigen Vorstellungen geprägtes Ego hervor. Unser Ego weiß immer ganz genau, wer oder was wir sind: *Ich bin nicht gewollt. Ich bin ein großartiger Chef. Ich bin Mutter.*

Ich bin ein guter Freund. Ich bin schuldig. Ich bin ein Opfer der Umstände. Ich bin frei von jeder Schuld. All diese Gedanken und Gefühle entstehen und vergehen. Das alles ist solange kein Problem, wie wir uns mit dem jeweiligen „*Ich bin …*" nicht identifizieren. Die Identifikation mit dem Ego verstärkt das Gefühl des Getrenntseins.

Auch wenn wir uns mit angenehmen Vorstellungen vollkommen identifizieren, gehören wir zum großen Ganzen nicht mehr dazu. Dann „wachsen" uns die bekannten Scheuklappen des Rennpferdes und wir rennen gewissermaßen isoliert durchs Leben. *Ich gehöre nicht dazu.* Je mehr es uns gelingt, in den Ruhezustand, in dieses Gefühl der Weite und Leere, der unbegründeten Freude, zurückzukommen, desto mehr können wir die Identifikation mit unseren Verletzungen und unserem Ego loslassen.

Der göttliche Funke in uns, die Seele ist unaufhörlich darum bemüht, uns die Einheit, die ständig da ist, wieder wahrnehmen zu lassen. Je mehr wir das Konstrukt des Egos fallenlassen, desto mehr Intuitionen nehmen wir wahr. Wir haben es „intus": Intuitives Sein bedeutet: *Leben aus einem inneren Wissen heraus. Ich weiß nicht nur, was gut für mich ist. Ich spüre es.* Ich bin zu Lebzeiten zurück in der Einheit.

Intuitionsfördernd sind das ruhige Ankommen im Moment, Hingabe, Loslassen und Entspannung.

Seien Sie sich gewiss:

° Alles, was es im Außen gibt, gibt es auch in mir.

°Was zu meiner Wirklichkeit wird, entscheidet der Fokus meiner Wahrnehmung, woraus mein individuelles Bewusstsein entsteht.

° Je mehr ich den Fokus auf die Erweiterung der individuellen Bewusstheit lenke, je mehr ich meine Seele spüre, desto mehr mache ich die Erfahrun der Einheit.

° Die Erfahrung der Einheit überwindet das Ego und öffnet mich für eine Erfahrung über dieses hinaus. (Der siebte Sinn, meine Intuition)

Luzides Träumen

Luzide Träume, Klarträumen sind Träume, bei denen der Träumende sich bewusst ist, dass er gerade träumt. Es würde den Rahmen dieses Buches sprengen, differenzierter auf dieses Thema einzugehen. Wichtig erscheint mir aufzuzeigen, dass es möglich ist, den Bereich der Bewusstheit bis in die Ebene auszudehnen, die wir Schlaf nennen. Auf diese Weise wird es möglich, dass der Träumende mit gestaltet, wovon er träumen möchte. Beim Träumen befinden wir uns auf einer Ebene ohne reale Körperempfindungen, ähnlich der Astralebene, auf der die Seele zu Hause ist. So kann es also wertvoll sein, die Körper- Seele- Interaktion über die Erfahrung des luziden Träumens zu erforschen. „Die Technik des luziden Träumens wird im tibetischen Buddhismus als eine Art Meditation im Schlaf für die spirituelle Entwicklung genutzt. Auch westliche Autoren berichten von intensiven religiösen Erfahrungen in luziden Träumen." (Schredel Seite 272).

Die Kontrolle des Atems, die bewusste Lenkung unseres Verstandes, die Versenkung in ein Objekt und Meditation ganz allgemein sind Praktiken, die die Fähigkeit zu Klarträumen unterstützen. Studien belegen, dass Menschen, die regelmäßig meditieren, mehr luzide Träume aufweisen als andere (Vgl. Schredel, Seite 257).

Schredel berichtet von einem Interview mit dem Dalai Lama, in dem dieser das buddhistische Traumyoga empfiehlt, um die Verwirklichung spiritueller Ziele zu erreichen. Der Dalai Lama beschreibt auch „heilsame Zustände des klaren Lichts, die während des Schlafes erlebt werden können. Warum sollte man, sagt er, die Zeit nachts nicht auch zur Meditation und geistigen Reifung nutzen." (ebenda Seite 246).

Heute gibt es viele Studien aus Schlaflaboren, die belegen, dass Menschen durch Training die Fähigkeit erlangen können ihre eigenen Träume zu beeinflussen. Sollten Sie selbst Lust verspüren, ein paar Versuche in diese Richtung zu unternehmen, hier ein paar unterstützende Parameter. Sich überhaupt an Träume zu erinnern, ist natürlich eine Grundvoraussetzung, um den zweiten Schritt zu wagen, bewusst in das Traumgeschehen einzudringen. Dieses Unterfangen erwartet von Ihnen die paradoxe Fähigkeit, den Körper schlafen zu lassen und den Geist wachzuhalten. Eine ähnliche Fähigkeit, die Sie mithilfe einer Hypnosetherapeutin im Bereich einer eingeleiteten Tranceerfahrung, machen.

1. Üben Sie, sich an Ihre Träume zu erinnern, indem Sie sich abends fest vornehmen, dass Sie sich an Ihren Traum erinnern möchten. Allein diese Form von Suggestionen hilft häufig schon, mehr Träume in Erinnerung haben zu können als zuvor.

2. Wenn Sie erwachen, verfolgen Sie Ihre Traumerinnerung in Gedanken rückwärts. Das heißt, Sie beginnen mit der letzten Szene, die Sie vor dem Aufwachen gegenwärtig haben, dann verfolgen Sie, wie es

dazu gekommen ist u.s.w. Erst danach schreiben Sie Ihren Traum auf oder sprechen ihn auf ein Diktiergerät.

3. Üben Sie vor dem Einschlafen, an eine bestimmte Begebenheit zu denken, die Sie im Traum weiter erleben wollen.

4. Werden Sie sich am Tag mehrere Male des bewussten Wachseins gewahr. Im Wachzustand sind Sie sich natürlich immer bewusst, dass Sie wach sind. Ihr Bewusstsein erlebt so eine Konzentration auf die Betrachtung des jeweiligen Seinszustandes und kann diese Fokussierung auf den Zustand, in dem Sie sich gerade befinden als Auftrag mit in den Traum nehmen. Im Traum zu sagen oder zu denken ja, ich träume gerade, ist der erste Schritt für Klarträumen.

5. Führen Sie im Traum so genannte Traumtests durch. D.h. wenn Sie merken, dass Sie träumen, springen Sie im Traum in die Höhe. Wenn Sie schweben und langsam zu Boden zurückgleiten, sind Sie aller Wahrscheinlichkeit nach in einem Traum (Schwebe-Test von Paul Tholey). Stephen LaBerg empfiehlt den Dreh-Test. Dabei drehen Sie sich im Traum, d.h. Sie lassen Ihr Traum-Ich sich mehrmals um sich selber drehen. Dann bleiben Sie plötzlich stehen. Dreht sich die Welt um Sie weiter, dann befinden Sie sich vermutlich in der Traumebene (Vgl. Schredel Seite 261).

6. Nehmen Sie sich vor, von Umständen zu träumen, die angenehm und in der Realität nicht möglich sind. Flugträume und der Besuch wundervoller, nur in der Phantasie existierender Landschaften bieten eine Alternative.

9. Zustand der Trance – Wie arbeitet Hypnose?

In diesem Kapitel erfahren Sie mehr über den lebensverändernden Seelen-kontakt in hypnotischen Trancen sowie deren Parallelen in Trancezuständen des Jogaweges im Vipassana und Kriya.

Nur den wenigsten Menschen gelingt es, ihre eigenen Träume mitzu-gestalten. Daher können sie die Botschaft der Seele nur dann wahrneh-men, wenn sie über die Traumerinnerung in ihr Bewusstsein gelangt. Wie Sie nun wissen, können diese Botschaften sehr hilfreich und weg-weisend sein. Es gibt jedoch noch einen aktiver steuerbaren Weg an diese bildhaften Informationen der Seele zu kommen. Die Trance ist ein schlafähnlicher Bewusstseinszustand. Trancezustände gibt es im Zen, Yoga, Schamanismus und in der Hypnose. Die Art der Bewusstseins-veränderungen, die für die KELETH®Wege relevant sind, entstammen dem Yoga und der Hypnose. Immer dann, wenn ein Trancezustand be-wusst eingeleitet wird, wenn innere Bilder direkt oder indirekt sugge-riert und bildliche Vorstellungen initiiert werden, befinden wir uns Feld der Hypnose. Es ist ein Zustand, in dem sich die Konzentration ver-stärkt und fixiert, während der Körper in einen Entspannungsmodus sinkt. Sowohl im Yoga als auch bei der Hypnose ist die Wahrnehmung des Umfeldes reduziert. Während der Inhalt der Konzentration im Yoga ständig kontrollierbar bleibt, ist in der Hypnose nur die Intention eine restriktive Vorgabe. Daher können in der hypnotischen Trance mehrere Situationen als Vorstellungsbilder auftauchen. Die Möglichkeit zur

Kommunikation, z.B. mit dem Therapeuten ist in beiden Fällen gegeben, jedoch stark reduziert. Der Bezug des Menschen zu sich selbst bleibt im Yoga unwandelbar erhalten und richtet sich auf die Transzendenz aus, wobei es zur spirituellen Ekstase kommen kann.

Die Identität, das bedeutet die Verbindung zum Selbst, bleibt in der Hypnose stets voll erhalten. Dabei können assoziative und dissoziative Zustände auftreten. So zielt der Yoga auf eine Vertiefung einzelner Objekte oder das „reine Bewusstsein", die Verschmelzung mit dem Göttlichen, dem allumfassenden Bewusstsein. Die Hypnose ist alltäglicher in der Wahl ihrer Inhalte und sucht die Transformation und Klärung problematischer Situationen oder die Stabilisierung der Selbstwahrnehmung. Sie ist also stets am Zweck orientiert. Dabei lässt sich die inhaltliche Bezogenheit einer hypnotischen Trance wie oben schon erwähnt, nur teilweise kontrollieren. Nach meiner Erfahrung sind nicht alle Phasen dieser beiden Trancearten ausschließlich von positiven Affekten geprägt, das Endresultat ist jedoch meist eine sehr angenehme emotionale Lage des Suchenden.

Seit 2006 ist die Hypnose als therapeutisches Verfahren durch die Bundesärzte- und Bundestherapeutenkammer anerkannt. Metaanalysen von Kirsch konnten 1996 nachweisen, dass Hypnose die Effektstärke von kognitiver Verhaltenstherapie in etwa verdoppelt (Vgl. Revensdorf, Peter Seite 3f). Grob geschätzt liegt die Erfolgsquote der Hypnosetherapie bei 70%. Ich habe viele Jahre gewartet, bis ich mich selbst zur medizinischen Hypnosetherapeutin ausbilden ließ. Dabei war es von Anfang an mein Wunsch, ein Werkzeug an die Hand zu bekommen, mit dem ich Menschen den Weg zu sich selbst ebnen kann. Ich bin ein sehr freiheitsliebender Mensch, daher ist mir jede Form von unterschwelliger Manipulation zuwider. Wenigstens die Tranceeinleitung benötigt eine Lenkung von außen, ist also eine direkte, manchmal auch indirekte Suggestion. Diese Intervention verfolgt jedoch immer die vom Klienten geäußerten Ziele. Ich kenne kein anderes Verfahren, mit dem in einem therapeutischen Kontext ein aktiver Zugang zum inneren Raum eines Menschen gefunden werden und durch den Therapeuten aktiv begleitet werden kann.

Es ist für mich zwar weiterhin vorzustellbar, dass Veränderungen in einem Menschen, die durch eine hypnotische Trance unterstützt werden, gewissermaßen durch Interventionen von außen geschehen. Nach meiner Erfahrung ist diese Technik jedoch viel eher eine wunderbare Möglichkeit für Menschen, in sich selbst Ressourcen zu erschließen, die für sie bis zum derzeitigen Zeitpunkt verdeckt waren. Ich habe miterlebt, wie es Menschen in der Trance möglich geworden ist, in sich selbst physiologische, emotionale und kognitive Reaktionsmöglichkeiten zu finden und zu nutzen, die ihrem Wachbewusstsein bisher verschlossen waren. Meine eigenen Vorstellungen zur Problemlösung spielten an dieser Stelle gar keine Rolle. Allerdings hat es sich als wichtig erwiesen, dass mein Gegenüber mit sich selbst und seiner Problematik wirklich in Kontakt geht. Ist ein Selbstkontakt herstellbar, so erweitert die Trance das Selbstverständnis. Ist das im Bewusstsein angekommen, so lässt sich auch eine Lösung zu finden, da das Problem bereits die Lösung enthält. Der Rapport, also die wortlose intuitive Verbindung zwischen Klient und Therapeut, ist ebenso bedeutend für den Erfolg einer Hypnosebehandlung. Ist für mich kein Selbst- oder Problemkontakt spürbar, kann ich die entsprechenden auf Lösung zielenden Signale in der Begleitung der Trance nicht auffinden, verstärken oder deren Bewusstwerdung unterstützen.

Milton Ericsson, ein bedeutender Pionier im Bereich der Hypnose, „hatte aus eigener Erfahrung die Wirksamkeit der Selbsthypnose zur Schmerzbewältigung kennen gelernt (Ericsson hatte zweimal, mit 17 und 51 Jahren, Kinderlähmung und litt lebenslang unter Schmerzen.) und machte die Auffassung populär, dass hypnotische Trance einen Zustand selbstbestimmter Potenz des Individuums und des Zugangs zu eigenen Ressourcen darstellt." (Revensdorf, Peter Seite 6)

Mit vielen meiner Klienten konnte ich erfahren, dass die Lösungen für ihre Probleme bereits in ihnen lagen, dass sie ihnen nur nicht verfügbar waren. Meist waren sie zu stark im Wachbewusstsein mit all seinen Mustern verankert. Und eben die Lösungsalternativen, die aus dieser eingeschränkten Bewusstheit entstehen, boten keine praktikablen Lösungswege. Der Weg nach innen in das Reich der eigenen unerkannten Möglichkeiten vereinigt mit der Vorstellung, dass unsere Wirklichkeit in einer Art Gemeinschaftsarbeit zwischen Körper, Geist und Seele (und dem Göttlichen) entsteht, ist allein schon ein großer Anker für Hoffnung, der die Selbstarbeit und Entschlossenheit stark unterstützt. Während der Traum für die meisten Menschen ein spontanes Ereignis eines Seelenkontakts darstellt, ist eine bewusst induzierte Trance, also eine Hypnose, ein Weg, die Seele zu einem planbaren Kontakt einzuladen und das therapeutische Dreieck aus Klient, Problem und Therapeut durch die Seele zu erweitern und zu einem sehr effektiven therapeutischen Viereck werden zu lassen.

Tranceformen, die der Weg des Yogas ermöglicht, können ebenfalls bewusst eingeleitet werden. Sie können selbstständig und praktisch zu jeder Zeit und beinahe an jedem geschützten Ort üben. Mit Sicherheit werden Sie lernen, längere Phasen des bewussten Gewahrseins zu praktizieren. Auch wenn es Ihnen auf diesem Weg nicht gelingen sollte, in einen tranceartigen Zustand zu kommen, so wird zumindest der bewusste Atem, der Umgang mit einem größeren Atemvolumen und die Erzeugung eines längeren Leerraums Ihr Lohn für die Mühe sein. Ich selbst kann die Tradition des Vipassana in der Tradition von Ruthe Dennison sehr empfehlen, um innere und äußere Wahrnehmung zu schulen. Vipassana zielt auf die intuitive Einsicht in alle Prozesse des Lebens besonders auf ihre Vergänglichkeit. Die sich dabei unwillkürlich ergebenen Erfahrungen eines ausgedehnten Leerraums, macht Sie auf allen Ebenen des Lebens sensibler und damit auch offener für die leisen Botschaften Ihrer Seele. Der Weg des Kriya Yoga zielt geradliniger auf Erfahrungen des Göttlichen. Er führt nach meiner praktischen Übung mit seinen ständigen Wechseln von Tun und Nichttun zeitlich schneller in tranceartige Zustände, die Sie öffnen für die Botschaften Ihrer Seele. Der theoretische Hintergrund des Kriya bietet umfassende Informationen zum Menschsein aus spiritueller Sicht und ist nicht an eine Konfession gebunden. Yoga ganz allgemein schult das bewusste Sein und damit natürlich und ganz selbstverständlich den Atem.

Deepak Chopra schreibt: „ Die verschiedenen Yogasysteme in Indien lehren viele verschiedene Atemübungen, die den Atem intensiv steuern. Sie werden als Pranayama bezeichnet und sollen den Atem ins Gleichgewicht bringen. Ihr eigentliches Ziel besteht jedoch nicht darin, eine kontrollierte und disziplinierte Atmung in normalen Situationen zu bewirken. Die Aufmerksamkeit auf den Atem ist vielmehr ein Mittel, um Stress abzubauen und es dem Körper zu erlauben sein eigenes Gleichgewicht zu finden. Sobald sie im Gleichgewicht ist, ist die Jogaatmung spontan und fein, sodass die Emotionen der Liebe und der Hingabe in alle Ebenen des Körpers getragen werden können.... Die Liebe gilt als das grundlegendste Gefühl, zu dessen Empfindungen das menschliche Gewahrsein fähig ist. Daher ist sie der Quelle des Lebens am nächsten." (S.59 Pranayama)

10. Beide Möglichkeiten zur Kommunikation mit der Seele vereinigen: Aus der Stärke des bewussten Atems in Trancen mit schöpferischem Leerraum

In diesem Kapitel erfahren Sie, wie KRELETH®Wege die wundervolle Chance nutzen, aus dem angebahnten Kontakt mit der eigenen Seele über den bewussten Atem in die erweiternden Prozesse einer Trance zu gelangen.

Sie lernen das effektive therapeutische Viereck kennen, das aus Klient, Therapeut, unbewussten Ressourcen und dem Faktor eines leeren Raumes besteht, den wir als wichtige Größe mit einbeziehen. Dieser Leerraum ist ein bedeutender unvorhersehbar kreativer Faktor, der Raum für Intuitionen und Seelenbegegnungen schafft.

Wenn ein Mensch in eine Krise gerät, bedeutet dies, dass etwas Altes, essenziell Wichtiges zusammengebrochen ist. In solchen Zeiten verdichtet sich das Leben. Unser neurobiologisches System läuft auf Hochtouren und Pausen erscheinen nicht möglich oder nicht erholsam, weil unsere Gedanken praktisch nicht zur Ruhe kommen. Alle unsere inneren und äußeren Werkzeuge, mit denen wir bisher unser Leben gemeistert haben, erweisen sich als ungeeignet, gerade diese Situation zu gestalten. So fühlt sich ein Chaos an. Aber bekanntlich entstehen Sterne ja aus dem Chaos. Schwarze Löcher verschlingen Planeten und Sonnensysteme, um in anderen Universen ganze Galaxien neu hervorzubringen. Vor diesem Hintergrund sehe ich in jeder Krise eine Chance für einen notwendigen Neubeginn.

In solchen Zeiten ist es besonders wichtig, den Kontakt zu sich selbst nicht zu verlieren. Ich kenne keine geeignetere Erste-Hilfe-Maßnahmen, als den bewussten Atem, Chakrareinigungen und die Erschaffung eines möglichst großen inneren Leerraumes. Mit diesen drei Möglichkeiten zum Selbstcoaching, die Sie bereits aus den vorausgegangenen Kapiteln kennen, haben Sie eine gute Alternativen, um mit Ihrem eigenen Kern, mit Ihrer Seele auf Tuchfühlung zu bleiben oder wieder einen neuen Kontakt aufzubauen. Im Kapitel 13 können Sie diese 1. Hilfe zur möglichen Meisterschaft verfeinern, indem Sie von dort aus im guten Kontakt mit Ihrem individuellen großen Bewusstsein neue Wege in die Mitte der Blume Ihres Lebens finden.

Menschen in Lebenskrisen fühlen sich überfordert und haben das Gefühl, dass das Leben in eine Richtung läuft, die Sie so niemals wollten. Wenn die meisten Menschen es auch nicht zugeben wollen, es stellt sich ein Gefühl von Hilflosigkeit ein. Eine Situation, in der man das Steuerrad des eigenen Lebens zwar in der Hand hält, aber dennoch nicht wirksam steuern kann. Ambivalente Gefühle, zerstörerische Glaubenssätze, äußerer Zusammenbruch des Lebenszusammenhangs, all das kann selbst einer gestandenen Persönlichkeit ein Gefühl von Angst vermitteln.

Die eigene Atmung haben Sie immer dabei. Situationen der Angst sind gekennzeichnet durch flache und schnelle Atmung oder durch gepressten Atem mit Phasen, in denen der Atem angehalten wird. Die meisten Menschen merken dies nicht von selbst oder, wenn sie es bemerken, vergessen sie es schnell wieder, weil sie dem Gedankenkarussel, das unablässig seine Kreise in ihnen zieht, mit voller Aufmerksamkeit zugewandt sind. Gelingt es einem Menschen jedoch wieder, seine Aufmerksamkeit auf den Atem zu lenken und über die eigene Atembetrachtung in einen Zustand von Ruhe zu finden, so stärkt dieses seinen Selbstwert. Er hat ein Stückweit sein Leben wieder unter Kontrolle. Dies erscheint wenig? Doch Sie wissen ja bereits, dass dies ziemlich viel ist. Über die Atmung wird der gesamte Stoffwechsel beeinflusst. Das Septum Pellucidum weitet sich und die einzelnen Areale des Gehirns arbeiten wieder zusammen. Sie werden intelligenter, Ihre Wahrnehmungsorgane können wirksam Signale senden, die im Gehirn angemessen verarbeitet werden. Die Scheuklappen von Angst und Stress fallen zu Boden. Pranaenergie kann aufgenommen und verteilt werden. Dies ist keine scheinhafte Form von Selbstbewusstheit. Es ist der tatsächliche Beginn eines neuen Kontakts mit dem eigenen Selbst. KRELETH®Wege nutzen die wundervolle Chance, aus dem angebahnten Kontakt mit der eigenen Seele über den bewussten Atem in die erweiternden Prozesse einer Trance zu gelangen. In der Trance gewinnt ein Mensch Zugang zu Ressourcen, die ihm allein im Wachbewusstsein nicht zur Verfügung stehen. Diese Form von bewusstem Sein führt uns in einen liebevollen Raum mit uns selbst, der Welt und dem kosmischen Bewusstsein dahinter.

Ich nutze, wann immer das möglich ist, die Selbststeuerung eines Menschen, um mit ihm zu arbeiten. Schließlich es ja unser gemeinsames Ziel, für ihn in eigener Verantwortung Lösungen für seine Lebenssituation in dem Pool seiner Möglichkeiten zu finden. Meine Aufgabe sehe ich darin, ihm diese langsam, wie in einem Spiegel, den man putzt, klarer werden zu lassen. Wir schauen in gewisser Weise beide in den sich weiter klärenden Spiegel und sehen alternative Lösungsansätze, Persönlichkeitsanteile oder langsam überwundene Verhaltensmuster. Manchmal kann ich, metaphorisch ausgedrückt, einen „Laserpointer" einsetzen, um Teile davon in ein unübersehbares Licht zu setzen.

Das therapeutische Tertium aus Klient, Therapeut und unbewussten Ressourcen wird auf den KELETH®Wegen um den Faktor eines leeren Raumes erweitert, den wir als wichtige Größe mit einbeziehen. Dieser Leerraum ist ein wichtiger unvorhersehbar kreativer Faktor, der Raum für Intuitionen und Seelenbegegnungen, Begegnungen mit dem eigenen Kern, schafft. Wir arbeiten in einem therapeutischen Viereck, bei dem der Klient drei Seiten besetzt. Es ist damit eine sehr effektive Krisenintervention auf relativ sicherem Boden. Auch Milton Erickson und C.G. Jung arbeiten mit dem Element des heilenden Dritten, der Seele, die sie im Unterbewusstsein ansiedeln. Ich gehe darüber hinaus und sehe die Seele als ein vom individuellen Bewusstsein unabhängiges Element im Menschen an, das uns mit dem Urgrund allen Seins verbindet und als individueller Splitter Gottes im „Gefäß Mensch" wohnt. Es durchdringt alle Ebenen unseres Seins, existiert jedoch unabhängig davon ewig. Das sogenannte Unterbewusstsein, das ich als Reservoire für alle unsere in diesem Leben gemachten Sinneseindrücke und erhaltenen Informationen sehe, schließe ich untrennbar mit dem Wachbewusstsein zusammen als großes individuelles Bewusstsein. Es ist für mich eine untrennbare Gemeinschaft, die sich permanent gegenseitig beeinflusst. Für Milton Erickson ist der ideale Mensch jemand, der die Zusammenarbeit von Unterbewusstsein und Wachbewusstsein einfach als Gegebenheit hinnimmt und sie in ihrer systemischen Unterschiedlichkeit anerkennt (vgl. Miltion Erickson, „Persönliche Mitteilungen" in Revensdorf, Peter, Seite 319).

11. Der „3. Bewusstseinszustand" – „schlafen" und Botschaften der Seele empfangen

In *diesem Kapitel erfahren Sie, wie ein Mensch in eine hypnotische Trance gelangt. Ich sehe darin einen „3. Bewusstseinszustand", der weder dem Schlaf noch dem Wachbewusstsein entspricht.*

Sie können miterleben, wie Sophia in einer Trance nagende Schuldgefühle überwindet, tief in die Muster ihrer Familie sieht und anschließend im Wachzustand, den Mut findet, diese neu zu gestalten.

Sie begleiten René auf eine erweiternde Trance in seine Kinderzeit. Sie erleben, wie er nach innen schaut und sich von der unendlich weisen, liebevollen Instanz, seiner Seele führen lässt. So können Sie miterleben, wie die beiden im dritten Bewusstseinszustand den Seelen der Menschen begegnen, die ihnen wichtig waren und sind.

Während wir im Schlaf ganz von selbst in das Land der Träume hinübergleiten, so inszeniert der Therapeut im Bereich der Hypnose diesen Übergang in einen neuen Bereich der Wirklichkeit. Tranceinduktionen sind Werkzeuge, die es einem Menschen ermöglichen, aus dem Wachbewusstsein in einen Zustand zu gelangen, in dem sein Körper mit seinem realen Erleben unbedeutend wird. Es ist das Hinübergleiten in einen Bereich innerer Wahrnehmung, in einen „3. Bewusstseinszustand". Mit der Induktion wird eine verbale und nonverbale Bezogenheit (Rapport) zwischen dem Klienten und dem Therapeuten hergestellt, die eine Begleitung (pacing) und Führung (leading) auch während der Trance möglich machen. Im günstigsten Fall entsteht ein Kontakt auf Seelenebene. Meist verstärke ich den Rapport, indem ich mich bereits bei der Induktion selbst in einen tranceartigen Zustand hinübergleiten lasse. Dadurch entwickelt sich eine interaktionale Synchronizität, wie wir sie später in der Bewusstseinstrance benötigen. Je nach Charakter ist es für Menschen unterschiedlich einfach, die vollständige Kontrolle über ihren Körper loszulassen, wie es im Schlaf ganz automatisch passiert. Die Zeit, die ein Mensch für diesen Vorgang benötigt, ist ebenfalls stark unterschiedlich und hängt von der Hypnotisierbarkeit der Person ab. Dabei habe ich oft erlebt, dass ich die Wirksamkeit einer Intervention erhöhen kann, wenn ich das Vorgehen anfangs als Entspannungsverfahren oder als Vorstellungstraining deklariere. Es gibt klare Tranceanzeichen wie flatternde Lidern, leichtes Entspannungszucken der Arme und Beine, „Trance-Flecken", gerötete Stellen am Hals, entspannte, symmetrische Gesichtszüge (auch bei der Beschreibung vielleicht schmerzhafter oder freudvoller Begebenheiten) und eine ruhige, gleichmäßige Atmung. Der Mensch gleicht einem Träumenden. Es ist auch möglich, mit geöffneten Augen in einen Trancezustand zu gelangen. Dann wendet sich die Wahrnehmung nach innen. Der Blick wird starr, die Pupillen weiten sich. Ich kann also von außen beurteilen, wann mein Gegenüber in einem nach inneren gerichteten Wahrnehmungszustand angekommen ist. Für meine Arbeit ist meist eine mittlere Trancetiefe geeignet, die eine reduzierte gemeinsame Kommunikation zulässt. Der Klient hat dabei im Hintergrund immer ein Bewusstsein dafür, dass er sich in meiner Praxis befindet und meine Stimme hört. Dies ist wichtig, da alles, was wir erleben, später auch in das Wachbewusstsein integriert werden muss, um im realen Leben Veränderungen anzubahnen. Meist beginne ich die Trancearbeit mit einer Entspannungsinduktion durch die Suggestion einer Körperentspannung oder dem Erleben von erholsamen Orten. Da wir diese Orte vor der Intervention skizzenhaft gestalten, entsteht so eine Kongruenz von Werten, die das Vertrauen fördert und den Rapport erleichtert. Mit einer Gefühlsskala von 1-10, die ich vor und nach der Intervention abfrage, wird die Wirksamkeit der gemeinsamen Arbeit auch auf der Verstandesebene deutlich, da sich der Grad der Entspannung in der Regel bei allen Klienten durch dieses Vorgehen erhöht. Diese Form entspricht eher dem NREM Schlaf, daher ist eine Entspannungstrance nur als Einstieg geeignet, weil der geistige Zustand eher träge ist. Wichtig jedoch bleibt, dass der Klient in dieser Phase Vertrauen aufbaut. Vertrauen in seine Fähigkeiten und Vertrauen in die Sicherheit dieses Ortes, an dem er bis in die Tiefen seiner Person, bis zu seinem Seelenkern, vordringen will. Alle Formen der Angst, würden diesen Prozess behindern. Später benutze ich als Einstieg eine Pranayamasequenz oder eine Chakrareinigung, die ja schon aus dem Seelencoaching 3 bekannt sind. Möglich ist außerdem eine Suggestion zur Lösung von emotionalen Blockaden als Induktion. Auf diese Weise kann mein Gegenüber tief bis in den Bereich der Körpertrance vordringen. Er erhält den Auftrag, dabei möglichst genau zu beobachten, welche körperlichen und emotionalen Ereignisse auftreten. Er ist also wichtiger Mitgestalter des Induktionsprozesses. Bei der wiederholten Einleitung einer Blockadenlösung baue ich seine Erfahrungen als Suggestion ein und unterstütze so eine Vertiefung der Körpertrance, die ich anschließend wieder abfrage und wiederum vertiefend einbaue. Es ist also von

Anfang an klar, dass der hypnotische Prozess eine gemeinsame Arbeit ist. Genau genommen tut der Klient die Arbeit und ich als Therapeutin bin bemüht ihn zu stimulieren, die nötigen Anstrengungen dafür zu unternehmen. Unser Ziel ist die Bewusstseinstrance, bei der sich der innere Raum erschießt. Dabei können Dinge wahrgenommen werden, die im Wachzustand nicht möglich sind. Erst hier wird eine inszenierte Seelenbegegnung möglich. Ich sehe darin einen „3. Bewusstseinszustand", der weder dem Schlaf noch dem Wachbewusstsein entspricht. Wenn mein Klient bis zu einer Bewusstseinstrance vordringt, die immer ein ganz individuelles Vorgehen verlangt, hat er auf diese Weise schon genügend Vertrauen in seine Trancefähigkeit und die positiven Auswirkungen dieses Prozesses gesammelt. Die Grenzen zwischen diesen drei Trancearten sind fließend und sie treten häufig gemeinsam auf.

Habe ich also mit einem Klienten einige Hypnoseerfahrungen gesammelt, kann ich auf die zeitsparende klassische Induktion zurückgreifen. Eine Einleitung der Trance mit Augen Fixationen oder die Fokussierung auf ein Körperteil, die Vertiefung anhand der muskulären Entspannung und die Ratifizierung, d.h. die Überprüfung und Bestätigung der erreichten Trancetiefe, über eine Armlevitation (z. B. schwebender Arm). Mit einer geübten Klientin gelange ich so schnell in den Bereich einer Bewusstseinstrance.

Nagende Schuldgefühle

Sophia kommt niedergeschlagen in die Praxis und erklärt mir, dass sie in letzter Zeit immer wieder traurig an ihren Vater denken müsse.

„Er war mir sehr ähnlich. Viel ähnlicher als meine Mutter. Ich habe ihm dies nie sagen können. Irgendwie stand meine Mutter immer zwischen uns und wir hatten nur wenige persönliche Gespräche. Ich weiß, dass mein Vater mich auch geliebt hat und deshalb tut es mir besonders leid, dass ich nicht bei ihm war, als er starb."

„Wo waren sie denn, als diese letzten Stunden eintraten?"

„Er verstarb Mitte 80 und war in der letzten Zeit häufig krank gewesen. Als er ins Krankenhaus kam, rief mich meine Mutter an und meinte, es wäre nicht so schlimm und ich könnte mir mit meinem Besuch Zeit lassen. Obwohl ich das Gefühl hatte, ich sollte besser fahren, bin ich zu Hause geblieben. Er hätte mich sicher gebraucht. Meine Mutter ist ein eher kühler Mensch. Ich hätte ihm gerne mit meiner Wärme zur Seite gestanden."

„Dann konnten sie sich nichtwirklich verabschieden? Gäbe es da noch Dinge, die sie ihm hätten sagen wollen?"

„Ja, ich habe ihm nie sagen können, wie wichtig er für mich war. Ich glaube, dass er sehr einsam war, als er starb, obwohl er immer ein offenes Haus für andere Menschen hatte. Ich finde, das war wirklich ungerecht. Es tut mir heute sehr leid."

„Wenn sie dies nachholen wollen, können wir gerne in einer Trance in dieser Zeit zurückkehren."

„Echt, so etwas geht? – Ja, das würde ich sehr gerne tun. Manchmal zieht es mir das Herz zusammen, wenn ich an ihn denke. Es wäre sehr schön, wenn ich jetzt doch noch etwas für ihn tun könnte."

Wir beginnen die Trance mit entspannenden und fokussierenden Atemübungen, gleiten dann über eine Augenfixation in die Trance und vertiefen über eine Armlevitation. Ich bitte Sophia mit Ihrer Essenz in Kontakt zu treten und sich soweit zurückführen zu lassen, wie es jetzt gerade richtig für Sie ist. Ganz gegen unsere Erwartung erklärt sie mir erstaunt, dass sie sich jetzt gerade bei ihrem ersten Mann befände. Ich frage sie, welche Gefühle dort gerade in ihr seien.

„Ich fühle mich schuldig. Ich habe erkannt, dass ich mich von ihm trennen möchte. Es gibt keinen anderen Mann, aber ich weiß, dass wir keine Herzverbindung mehr haben, dass wir vielleicht nie eine hatten, dass mir unsere Gemeinschaft wie eine Lüge vorkommt."

„Können sie ihm das sagen?"

„Nein, ich bin einfach sprachlos und furchtbar traurig." Sofia laufen Tränen über ihr Gesicht.

„Was brauchen sie, damit sie sprechen können? Sie haben alle Macht der Welt. Lassen sie zu, dass ihr Selbstwertgefühl wächst. Wo spüren sie es?"

„Irgendwo zwischen meinem Bauch und meinem Herzen - irgendwo dazwischen."

„Hat es eine Farbe? Atmen sie in diesem Bereich hinein und stellen sie sich vor, dass jeder Atemzug mehr Kraft und Wärme in diesen Bereich fließen lässt."

„Erst war es gelb und kühl. Jetzt wird es wärmer und etwas rötlich. Es tut gut. Es geht mir besser. Ich muss es meinem Mann einfach sagen."

„Vertrauen sie, sie werden die richtigen Worte finden. Verbinden sie sich mit diesem warmen Licht und suchen sie nach den liebevollsten Worten, um ihre neue Wahrheit auszusprechen."

Stille

„Ich habe es ihm gesagt. Sein Gesicht ist ganz hart und seiner Augen schauen an mir vorbei. Aber es ist gut, dass ich es endlich gesagt habe."

„Fragen sie Ihr großes individuelles Bewusstsein, ob wir weitergehen können? Ob wir alles getan haben, was wir für ihre erste Ehe tun konnten? Oder möchten sie zurück?"

„Nein, ich will nicht zurück. Ich will weiter."

„Dann hüllen sie ihre erste Beziehung in Licht ein, wenn ihnen das möglich ist.

Verabschieden sie sich dann von ihrem ersten Mann und lassen sie sich von ihrer Seele weiterführen."

„Jetzt bin ich bei meinem Vater. Aber wir sind an einem Ort, den ich nicht kenne. Wir sind auf einer Wiese und es duftet herrlich nach Sommer. Mein Vater lächelt und freut sich, dass ich da bin."

„Ja, alles gut so. Sie sind am richtigen Ort. Wie geht es ihnen? Möchten Sie ihrem Vater noch irgendetwas sagen?"

„Es geht mir gut. Es ist alles ganz leicht. Wir sind uns näher, als ich das im Leben je gespürt habe. Jetzt kann ich ihm sagen, dass ich gern seine Tochter gewesen bin und wie leid es mir tut, dass ich nicht bei ihm war, als er gestorben ist."

„Antwortet er irgendetwas?"

„Ja, er lacht und sagt, dass ich doch da gewesen bin... In Gedanken. Er habe immer gewusst, dass ich ihn geliebt hätte. Das brauche man doch nicht sagen, das muss man fühlen."

„Genießen sie dieses Gefühl mit ihrem Vater. Lassen sie es in jede ihrer Zellen hineinfließen. Wenn sie bereit sind, sich wieder von ihrem Vater zu verabschieden, heben sie bitte einen Finger der rechten Hand."

Es dauert noch eine Weile, bis Sophia bereit ist, in unsere Sitzung zurückzukehren. Als wir uns mit offenen Augen wieder gegenübersitzen, ist sie sehr bewegt.

„Das war sehr schön und hat mich tief berührt. Ich muss das alles erst einmal sacken lassen."

Als ich Sophia das nächste Mal wiedersehen, wirkt sie sehr verändert. Sie geht noch aufrechter und ihr Blick ist sanfter und klarer. Sie scheint ein Stück weit mehr bei sich selbst angekommen zu sein.

„ Ich weiß auch nicht, was passiert ist. Aber ich fühle mich sehr viel wohler in meiner Haut und ich habe meinen Kindern gefühlt hundertmal mehr gesagt, dass ich sie liebe. Jonathan meinte grinsend: „Mensch Mama, das brauchst du nicht dauernd zu sagen. Ich kann das fühlen."

„ Ich freue mich sehr, dass sie den Mut hatten, ihrem ersten Mann zu erklären, warum sie ihn verlassen mussten. Das hat den Weg freigemacht für eine neue Form der Liebe zu den Menschen, die ihnen jetzt nahe sind. Sie haben viel getan für das große System ihrer Familie. Dafür haben sie Dank und Anerkennung verdient."

„Danke, das tut mir gut. Im realen Leben hatte ich nicht den Mut dazu. Ich bin einfach gegangen, und habe meinen Mann in Ratlosigkeit zurückgelassen. Ich konnte ihm nicht erklären, warum ich gehen musste. Ich hatte einfach das Gefühl, in seiner Nähe zu erstarren. Nichts ging mehr. Geregelte Abläufe, erstarrte Gespräche. Irgendwie lieb, ja. Aber ich blieb unerfüllt. Umgeben von einem trostlosen Grau, das immer mehr um sich griff. In der Flucht aus diesen Umständen sah ich den einzigen Ausweg mich zu retten."

„Kommt Ihnen das irgendwie bekannt vor?"

Völlig unerwartet bricht Sophia erneut in Tränen aus. Sie schluchzt still vor sich hin, bis sie sprechen kann. „Ich habe einmal gehört, wie mein Vater sagte, dass er sich am liebsten aufhängen wollte. Warum, kann ich nicht sagen. Aber er sah dabei genauso grau aus, wie ich mich gefühlt habe."

„Wie fühlen sie sich jetzt, wenn sie an ihren Vater denken?"

Ein Lächeln breitet sich auf Sofias Gesicht aus. „Mir wird ganz warm ums Herz und ich fühle mich liebevoll mit ihm verbunden. Erst jetzt kann ich sehen, wie viel wir gemeinsam haben. Auch ich habe ein offenes Haus und immer ein offenes Ohr für die Menschen, die meine Hilfe brauchen."

„Und, gibt es da noch etwas?"

„Ja," antwortete Sophia zögerlich, „ja, bisher konnte ich auch nie sagen, was ich wirklich brauche. Meist habe ich viel zu lange geschwiegen. Mich nicht für meine eigenen Bedürfnisse eingesetzt, bis es keinen anderen Ausweg mehr gab, als einfach zu gehen. Das will ich jetzt nicht mehr," entgegnet Sophia energisch und richtet sich dabei zu ihrer vollen Größe auf."

„Das freut mich sehr und ich weiß, wie schwer so ein Anfang ist. Schön, dass sie die Fähigkeit haben, im Zustand der Trance so tief in die Muster ihrer Familie zu sehen und den Mut finden, diese neu zu gestalten."

Milton Erickson, weist darauf hin, „dass ungeachtet dessen, wie gut informiert und intelligent eine Person sein mag, immer eine generelle Unsicherheit existiert bezüglich der Frage, was geschehen wird oder was gesagt oder getan werden wird oder nicht. Deshalb sollte der Person sowohl in den Wach- als auch in den Trancezuständen in geeigneter Weise Sicherheit vermittelt werden. Im Wachzustand wird dieser Schutz am besten indirekt vermittelt und im Trancezustand mehr direkt." (Erickson, Seite 219)

„Eine häufig übersehene Form des Schutzes der Person ist der Ausdruck von Dank und Anerkennung für ihre Arbeit. Anerkennung muss definitiv in einer passenden Weise ausgedrückt werden, vorzugsweise zuerst im Trancezustand und später im normalen Wachbewusstsein." (Erickson, Seite 221)

Trottel der Nation

Auch für René geht die Suche nach seiner Essenz weiter. Völlig verärgert kommt er in die nächste Sitzung. Als ich ihn frage, was denn passiert sei, wirft er sich in den Sessel und erklärt resigniert: „Ich habe mich mit meiner Ex getroffen. Wir hatten noch ein paar finanzielle Dinge zu regeln. Es war hervorragend. Als wir wieder auseinander gingen, hatte ich das Gefühl: Ich bin der größte Trottel der Nation."

„Oh, wie konnte das denn geschehen?"

„Meine Ex hat mir doch allen Ernstes erklärt, dass ich mich nicht genug angestrengt hätte. Dass es ganz alleine meine Schuld gewesen sei, dass aus unserer Beziehung nichts geworden ist. Ja, es gab Zeiten, in denen mir unsere Beziehung zu eng gewesen war. Da habe ich Gelegenheiten gesucht, um mich selbst wieder zu fühlen. Aber im Großen und Ganzen habe ich mich sehr engagiert, damit unsere Beziehung schön werden konnte. Ich glaub, ich kann das einfach nicht. Ich bin eben nicht fähig eine Beziehung zu führen. Ich glaube, es bringt auch gar nichts, wenn ich jetzt mit Johanna einen intensiveren Kontakt aufbaue."

„Hmm, haben sie Lust, sich das näher anzuschauen?"

„Lust, nein, Lust habe ich im Moment auf gar nichts. Aber ich habe auch keine Lust, so zu enden wie mein Vater."

Renés Vater ist noch nie ein Thema für unsere Sitzungen geworden. Jetzt sehe ich eine Chance, dass wir uns diesem Thema nähern können. „Wie sie wissen, vereinen sie in sich die Unmöglichkeit, 100 % ihren Vater, 100 % ihrer Mutter und 100 % sich selbst in sich zu tragen, beginne ich vorsichtig.

Ein müdes Lächeln zeigt sich auf René Gesicht. „Toll, diese Vorstellung hat mich schon immer begeistert, meint er ironisch. „Wenn sich dieser Aspekt also sowieso in mir befindet, möchte ich gerne mit ihm in Kontakt treten. Es tut mir nicht gut, da etwas mit mir herumzutragen, was ich vorne und hinten nicht verstehe. Mein Vater ist so ein toller Typ. Ich sehe das jedenfalls so. Erfolgreich, aufmerksam und liebevoll, zumindest zu mir und meiner Schwester, das kann ich schließlich aus eigener Anschauung behaupten. Und trotzdem hat sich meine Mutter von ihm getrennt. Auch er war irgendwie nie gut genug - jedenfalls für sie."

Über die Atmung gehen wir in einen Zustand konzentrierter Entspannung. Über die Augenfixation gleitet René in die Trance. In dieser mittleren Trance bleibt René voll ansprechbar. Er kann aus dem Sessel aufstehen und sich von seiner Essenz leiten lassen. Wir gehen von einem gesetzten Gegenwartspunkt in seinem Leben so weit zurück, bis wir zu einem Punkt kommen, den seine Seele für uns als wichtig auswählt. Ich frage René, wo er sich jetzt befände.

„Ich bin in meinem ehemaligen Kinderzimmer. Ich halte meine kleine Schwester im Arm und wir hören, wie sich unsere Eltern laut streiten. Ich kann nicht alles verstehen. Meine kleine Schwester weint und ich versuche sie zu trösten. Doch in Wirklichkeit glaube ich selbst nicht daran, dass alles gut werden kann. Schließlich höre ich, wie mein Vater sagt, dass er dann ja wohl nur noch gehen könne. Ich bin wie elektrisiert, lasse meine Schwester los und laufe ins Wohnzimmer. Ich erkläre meinem Vater, dass ich möchte, dass er bleibt. Doch er schaut mich nur traurig an, schüttelt den Kopf und meint, dass das wohl eher meiner Mutter sagen müsse. Ich stellte mich ihm in den Weg, damit er nicht gehen kann. Doch er schiebt mich liebevoll, aber bestimmt beiseite und verlässt die Wohnung."

„Wie geht es ihnen jetzt, wie sie da so stehen?"

„Auch ich möchte einfach weglaufen. Aber ich weiß nicht wohin. Ich will auch meine Schwester nicht alleine lassen. Ich kann nichts sagen und ich fühle auch nichts."

„Stellen sie sich vor, sie hätten alle Macht der Welt, was würden sie jetzt brauchen? Mut, Selbstliebe oder etwas anderes? All das können sie sich jetzt selbst geben. In dem Maß, wie sie es jetzt brauchen. Spüren sie in ihren Körper hinein lassen sie diese Kraft genau dorthin fließen, wo sie jetzt nötig ist."

„Ich will, dass mein Herz warm bleibt und dass ich verstehen kann, was hier passiert."

„Dann lassen sie ihr Herz jetzt warm werden und ganz weit. Ihnen kann nichts mehr geschehen, denn sie haben alles bereits überlebt. Betrachten sie die Situation in dem sie sich mit dem größeren Bewusstsein verbinden, das alles einschließt: sie selbst, ihre Eltern und ihre Schwester und vielleicht noch mehr. Erkennen sie an, was immer sie sehen, fühlen, spüren und hüllen sie all das in ein warmes Licht ein."

René steht mit gesenktem Kopf und hängenden Schultern und fühlt. Langsam richtet er sich wieder auf und sagt, mit einer Stimme, die von ganz weit her zu kommen scheint: „Mein Vater hat immer versucht meine Mutter glücklich zu machen. Er war fleißig und hat ihr ein schönes Leben ermöglicht. Er hat nicht gewusst, was meine Mutter noch anderes von ihm wollte. Er hat sie nicht verstanden und sie hat zu wenig gesprochen. Erst, als alles vorbei war. Erst, als ihre Liebe tot war. Dann hat sie gejammert und gezetert und alles war falsch, was mein Vater versuchte."

„Ich danke Ihnen für Ihren Mut, so tief zu fühlen. Wenn Sie möchten, können Sie ihren Eltern jetzt sagen, was sie damals nicht sagen konnten."

„Höre mir zu Mutter! Papa hat immer versucht gut zu dir zu sein. Er hat nicht verstanden, was du gebraucht hast."

„Ich habe selbst lange nicht gewusst, was ich brauchte, ich war einfach nur sehr einsam in dieser äußerlich heilen Familie. Als ich wusste, was ich brauchte, konnte ich es nicht mehr so sagen, wie ich wollte. Ich war so wütend, dass ich immer anfing zu streiten", antwortet meine Mutter.

„Papa hörst du das? Mutter war einfach nur so schrecklich einsam und deshalb so wütend."

„Das tut mir leid, ich habe mein Bestes gegeben und jetzt, bin ich so verletzt von all den wütenden Worten, die mich getroffen haben. Erst jetzt kann ich ihre Einsamkeit fühlen, aber jetzt will ich nicht mehr zurück" ,entgegnet mein Vater.

Nach einer Pause frage ich René vorsichtig, ob er in die Echtzeit zurückkehren wolle. „Wie geht es Ihnen jetzt? Möchten Sie noch bleiben oder ist es an der Zeit zurückzukehren?"

„In mir ist eine tiefe Trauer, aber auch ein Verstehen und auch Wut. Ich möchte meinem Vater noch etwas sagen." *„ Papa ich habe viel von dir gelernt. Auch ich bin erfolgreich und liebevoll. Ich freue mich, dass wir immer noch in gutem Kontakt miteinander sind. Ich möchte mehr über deine Gefühle erfahren. Ich möchte dich besser kennen lernen, damit ich mich selbst besser verstehen kann."*

Vater: *„Gerne, dass mit den Gefühlen war noch nie so mein Ding. Auch ich freue mich immer, wenn du mich besuchen kommst. Lass uns das mit den Gefühlen gemeinsam versuchen. Mir hat das ewige Herunterschlucken in meinem Leben genug Ärger eingebracht. Ich möchte, dass du einen besseren Weg findest."*

„Wie geht es der Trauer in ihnen?"

„Etwas besser, es ist irgendwie heller in mir und die Wut ist kleiner ... Ich will jetzt zurück."

Wir gehen also zum Gegenwartspunkt zurück, nehmen dort noch einmal Kontakt auf mit allen neuen Gefühlen und Bewusstseinsprozessen, um dann in die Sitzung und den Sesseln zurückzukehren.

René bleibt in sich gekehrt und schaut irgendwie durch mich hindurch.

„Oh je, damit will ich eigentlich gar nichts zu tun haben. Ich dachte immer, das mit der Scheidung wäre allein ein Ding meiner Eltern. Genau wie mein Vater hatte ich geglaubt, dass meine Ex genau die richtige Frau für mich gewesen ist, bis wir uns schließlich nur noch verletzt haben. Endlose Streits ohne jede Wirkung hinsichtlich der Verbesserung unserer Beziehung. Bis sie schließlich die Wohnung verließ. Ich habe immer gedacht, ich hätte gekämpft wie ein Löwe. Jetzt glaube ich, wir haben uns irgendwo zwischen tollen Urlauben und harten Arbeitswochen verloren. Einfach verloren, bis jeder von uns letztendlich einsam war. Wie einsam ich am Ende wirklich war, kann ich jetzt erst fühlen."

„ Sie haben heute viel für das Gesamtsystem ihrer Familie getan. Möchten Sie das Angebot ihres Trancevaters annehmen und mit ihrem realen Vater ihre wirklichen Gefühle teilen?"

„ Das weiß ich noch nicht so genau. Ich spreche mit fast niemandem über meine Gefühle. Ich lerne ja gerade hier ernst, mit mir selbst so tief in Kontakt zu kommen. Im Alltag ist die Situation meist schon vorbei, bevor ich überhaupt weiß, was ich fühle. Vielleicht ist es leichter, erst einmal mit Johanna dieses neue Verhalten zu üben. Ich hatte bei ihr leider auch schon ein paarmal diese wohl bekannten Fluchtimpulse."

„Ich glaube, das ist eine sehr gute Idee. Ich denke, es wäre außer dem gut, auch einmal vorsichtig mit ihrem Vater zu üben. Jedes Mal, wenn sie bei Johanna einen Fluchtimpuls spüren, lassen sie sich Zeit. Niemand zwingt sie, schnell zu reagieren. Erbitten sie sich Zeit. Kommen sie langsam in Kontakt mit ihren Gefühlen. Bleiben sie einfach. Warten sie und reden sie, wenn sie wissen, was sie zu sagen haben."

René wird langsam wieder lockerer und findet zu seiner humorvollen Seite: „Voll cool, das werden schweigsame Abende. Dann sitze ich da, starre an die Decke und hoffe, dass meine Gefühle vom Himmel fallen. Nein, Spaß beiseite, ich werd´s versuchen."

„Es geht einfacher: Machen, nicht versuchen und der Fokus geht nach innen, nicht in der Himmel. Der gehört den Vögeln."

Ja, diese tiefen und erweiternden Begegnungen, die Sophia und René gerade erlebt haben sind nicht vom Himmel gefallen. Die beiden hatten den Mut nach innen zu schauen und sich von der unendlich weisen, liebevollen Instanz, ihrer Seele führen zu lassen. So konnten sie auf Seelenebene den Seelen der Menschen begegnen, die ihnen wichtig waren und sind.

12. Selbsthypnose praktizieren

In diesem Kapitel erfahren Sie, wie es Ihnen gelingen kann, zum Beobachter Ihres eigenen Lebens zu werden, diesen Zustand für einige Zeit stabil zu halten und angstfrei, gewissermaßen aus der Vogelperspektive, zu tiefen Erkenntnissen zu gelangen.

Das Seelencoaching 4 gibt Anleitungen für effektive Praktiken zur Selbsthypnose, deren weitreichende Wirksamkeit zur Lebensgestaltung anschließend diskutiert wird.

In Sophias Arbeitsalltag schließlich können Sie Autosuggestion spielerisch leicht miterleben.

Sie können mitempfinden, wie Renés fehlender Selbstbezug zu ernsthaften Schwierigkeiten in seiner Beziehung führt und wie sein unerschrockenes Trainieren ihm schließlich doch die Tore in eine neue Welt öffnet.

Abschließend werden Sie eingeladen, mit dem Seelencoaching 5 in einen längeren Seelenkontakt zu gehen.

So, wie es geführte und selbstständige Meditationen gibt, gibt es Hypnosen, die durch einen Therapeuten induziert werden und solche, bei denen das Gleiten in den Zustand eines wachen, jedoch eng fokussierten Bewusstseinszustands selbständig eingeleitet wird. Selbsthypnose ist ein Vorgang mit dem, selbst induziert, das weite Potenzial des Unbewussten eines Menschen verfügbar werden kann. Solche Zustände der engen Fokussierung, bei der Sie sich in eine Tätigkeit vertiefen, kennen Sie bereits aus dem ganz normalen Alltag. Da ist das Lieblingsbuch zu nennen, bei dessen Lektüre für Sie der Rest der Welt unbedeutend

wird. Wenn wir in Tagträume versinken, verschwindet der Rest des Alltags im wahrsten Sinne vor unseren Augen. Immer dann, wenn Sie von
etwas absolut absorbiert sind, befinden Sie sich in einer Alltagstrance.
Autosuggestion ist ein Wahrnehmungszustand, indem Sie stärker auf
Suggestionen reagieren. Im Wachbewusstsein hat die willentliche Kontrolle die Oberhand. Hier lassen Sie einen Teil der alltäglichen willentli-
chen Beobachtung los, um die Tore für eine willkürliche Steuerung gewissermaßen in Traumnähe setzen zu können. Wichtig ist, dass der
Zeitpunkt für die Selbstsuggestion so gesetzt wird, dass überholte Glau-
benssysteme umgangen und eine unbewusste Verarbeitung ermöglicht
wird.

D.h. auch mit Selbsthypnose können Sie nur in Bereiche vordringen,
die über die Brücke zwischen Wach- und Unterbewusstsein hinüber-
wandern können, ohne vom Kontrolleur gestoppt zu werden, weder
von der einen noch von der anderen Seite. Das große individuelle Bewusstsein entwickelt sich immer als Ganzheit, wobei mal der eine und
mal der andere Teil, um eine Nasenlänge vorn liegen kann. Nach meiner
Erfahrung ist es schon ein Riesenschritt und ein enormer Zuwachs an
Freiheit, wenn Sie lernen, der jeweils anderen Seite der Brücke, also den
unbewussten Prozessen bewusst Vertrauen zu schenken und umge-
kehrt. Das hilft eine wertfreie Zusammenarbeit der Bewusstseinsebenen
einfach zu akzeptieren. Auf diese Weise können Sie Ihre eigene Trancefähigkeit erhöhen und einen selbst inszenierten Zugang zu den Ressourcen des Unterbewusstseins herstellen. Sie können sozusagen auf
der Brücke der beiden Systeme Ihres individuellen großen Bewusstseins

hin und her spazieren, wie Sie es möchten. Es findet eine optimale Verbindung statt. Über ein verbundenes großes Bewusstsein haben Sie Ihr eigenes Tor zur Seele. Wenn Sie einmal gelernt haben, sich selbst in einen Trancezustand zu versetzen, werden Sie dies nicht mehr vergessen, und niemand kann es Ihnen von außen nehmen. Wie viele Vorteile das auch im Alltag bietet, können Sie sich sicher vorstellen.

Als ich mit meinen ersten Sohn schwanger war, schnitt ich mir stark in den Finger und die Wunde musste genäht werden. Ich hielt also dem Arzt den Finger hin, schaute aus dem Fenster und interessierte mich nur noch für die Blumen in seinem Garten. Ich wollte keine Betäubung, um meinem Kind nicht zu schaden. Erstaunt fragte mich der Arzt: „Tut das nicht weh?" Innerlich erbost über die Störung, da ich ja all meine Konzentration für die Außenfokussierung brauchte, antwortete ich nur kurz: „Doch, aber ich bin gerade woanders."

Damals wusste ich noch nicht viel über Trancezustände oder Dissoziation, hatte sie aber vermutlich bereits in meiner Kindheit geübt. Ich erwähne dies nur, um Ihnen zu zeigen, dass Selbsthypnose ein natürlicher Zustand ist. Sie tragen diese Fähigkeit schon lange in sich herum und ich bin sicher, dass auch Sie sie bereits genutzt haben. Aktuell biete ich Ihnen an, diese Fähigkeit zu nutzen, um Ihr individuelles Bewusstsein zu erweitern und das Tor zu Ihrer Seele zu öffnen.

Eine Grundvoraussetzung dafür ist eine veränderte Haltung zu sich selbst. Die Anerkenntnis nämlich, dass alles Leben Wandel ist und demzufolge auch ihr Selbst einem ständigen Wandel unterworfen ist. Um diesen Wandel in der Gemeinschaft mit der Seele gehen zu können, benötigen Sie eine wertfreie, beobachtende und akzeptierende Haltung gegenüber all den Botschaften, die Sie erreichen.

Damit werden Sie stellenweise zum Beobachter Ihres eigenen Lebens. Es ist eine durchaus entspannende und komfortable Position. Sie gehen sozusagen in Distanz zu Ihrer eigenen Lebenssituation. Manches kann man aus der Entfernung besser sehen. Wenn in Ihnen heftige Gefühle von Ärger, Angst, Wut, Hilflosigkeit oder ähnlichem aufsteigen, können Sie sicher sein, dass Sie sich noch nicht in der Beobachterposition befinden. Warum sollte schließlich ein außenstehender Beobachter so etwas wie Angst empfinden. Dies geht nur, wenn Sie sich noch hauptsächlich im System befinden. Je häufiger Sie in diese Vogelperspektive gehen, desto eher wird sich in Ihnen ein Gefühl von Leichtigkeit ausbreiten. Vielleicht sogar Freude. Aus der Distanz fügt sich alles anders. Aus der Beobachterposition ist manch eine Kritik nicht mehr so verletzend, ein Verlust nicht mehr so tragisch. Selbst ein schmerzhafter Schnitt in den Finger ist nur eine sehr kleine Wunde, wenn man sie im Verhältnis zum ganzen Körper sieht. Dieser veränderte Fokus ist übrigens das Geheimnis schmerzfreier Zahnbehandlungen unter Hypnose.

In diesem Buch interessiert Selbsthypnose jedoch als mögliches Tor zu Ihrer Seele und in diesem Zusammenhang steht das folgende Training zur tiefen Selbstwahrnehmung.

Seelencoaching 4: Seelenwahrnehmung auf körperlicher Ebene anbahnen.

Suchen Sie sich einen abgedunkelten Ort, an dem Sie etwa dreißig Minuten ungestört sein können. Nach etwas längerer Übungszeit wird sich dieses Training vermutlich auf zehn bis fünfzehn Minuten verkürzen. Am Anfang ist es jedoch unbedingt nötig, dass Sie nicht in Stress geraten. Zu viel Licht ist anfangs schwierig, da die Außenwelt dann meist zu viel Aufmerksamkeit auf sich zieht. Auch das gilt nur für die Trainingsphase. Später benötigen Sie nur einen geschützten Ort.

Setzen Sie sich gemütlich in einen Sessel oder legen Sie sich hin, so dass Ihr Körper entspannen kann. Schließen Sie die Augen und nehmen Sie Ihren Körper einfach nur wahr. Er darf sein, wie er ist. Alles an ihm ist genau richtig. Nehmen Sie wahr, ob es eine Stelle an ihrem Körper gibt, die sich angespannt anfühlt. Streicheln Sie diese Stelle sanft mit zwei Fingern und sagen Sie innerlich oder laut: „Du darfst dich jetzt entspannen." Sie werden bemerken, dass sich in diesem Teil Ihres Körpers etwas löst, das er weicher wird. So verfahren Sie mit dem gesamten Körper für etwa fünf Minuten. Fünf Minuten sind anfangs eine lange Zeit für die Selbstwahrnehmung. Spüren Sie tief in sich selbst hinein. Es geht hierbei nicht nur um Ihre Muskeln. Auch ein Magen, der gerade das Mittagessen verdaut, kann dies entspannt tun. Ein Herz, das sich zusammengezogen hat, weil von einem geliebten Menschen eine unerwartete Kritik kam, möchte loslassen. Dann streicheln Sie kurz über die Bauchdecke oder das Brustbein.

Nun konzentrieren Sie sich auf Ihre Atmung. Auch Ihre Atmung ist vollkommen in Ordnung so, wie sie jetzt gerade ist. Sagen Sie trotzdem: „Du darfst dich jetzt entspannen." Wiederholen Sie dies etwa für zwei Minuten. Sie werden bemerken, dass Ihre Atmung und Sie selbst sehr entspannt sind eventuell sogar träge.

Dann überlegen Sie, was Sie in den nächsten acht Stunden tun wollen. Spüren Sie sich langsam durch die kommende Zeitspanne und warten Sie, bis in Ihnen ein inneres Wissen dafür auftaucht, was Ihnen wirklich wichtig ist. Möglicherweise ist es etwas ganz anderes, als Sie erwartet haben. Manchmal werden ganz kleine Dinge bedeutend und sind es auch! Spüren Sie, vielleicht wirkt hier die Seele leise mit. Fokussieren Sie sich auf diese eine Aktivität. Erleben Sie vor Ihren inneren Augen, wie Sie ebendiese Tätigkeit ausüben. Wie Sie sich dabei fühlen, wenn Sie dies tun und wie Sie sich fühlen, wenn es getan sein wird. Geben Sie sich Zeit. Schließlich stoppen Sie alle Bewegungen. Machen Sie in Ihrer Vorstellung ein großes Foto von der Situation und dann lassen Sie dieses Foto immer heller werden. Sie überbelichten es solange, bis nur noch ein lebendiges weißes Licht übrig bleibt. Atmen Sie ruhig in dieses Licht hinein und genießen Sie Ihre Entspannung. Sie haben gerade fleißig gearbeitet. Dann denken Sie völlig beiläufig und selbstverständlich eine Suggestion in das pulsierende weiße Licht: „Ich finde heute um 17:00 Uhr ganz leicht Zeit für meine Chakrenreinigung." Sie säen sozusagen einen Samen in Ihr offenes individuelles Bewusstsein, zudem sich vielleicht im „lebendigen weißen Leerraum" auch Ihre Seele dazugesellt hat. Sowohl die Systeme des Unterbewussten als auch die des Wachbewusstseins werden bemüht sein, Ihnen Lösungen anzubieten, wie Sie die erwünschte Handlung verwirklichen können. Ihre Seele wirkt immer im Hintergrund mit, wenn es sich um ein Anliegen zur Selbstverwirklichung handelt.

Jetzt lassen Sie alle Überlegungen los, die Sie vorher gemacht haben, um zum Beispiel die Chakrenreinigung durchführen zu können. Bleiben Sie wachsam und nutzen Sie Gelegenheiten, die sich Ihnen bieten. Ziemlich sicher werden Sie mit Leichtigkeit um 17:00 Uhr oder vielleicht zehn Minuten früher oder später, zu der erwünschten Handlung finden.

Wichtig ist, dass Sie eine Aktivität leben, ein Ziel wählen, dass für Ihr gesamtes individuelles Bewusstsein vorstellbar ist. Wenn Sie sich beispielsweise vornehmen, fliegend den Heimweg zurückzulegen, so wird Ihnen auch mit dieser Methode der Erfolg versagt bleiben.

Ich habe bewusst eine Suggestion gewählt, die im Zusammenhang mit dem Hören Ihrer Seele steht. Je größer in Ihnen der Wunsch ist, Ihren inneren Kern kennen zu lernen, desto eher werden Sie ihm begegnen. Anders ausgedrückt, gibt es in Ihnen kein Bedürfnis Ihrer Seele zuzuhören, werden Sie niemals aktiv den Weg zu ihr finden. D.h. nicht, dass Ihre Essenz dann schweigt. D.h. nur, dass die Signale, die Ihre Seele Ihnen schicken wird, etwas intensiver ausfallen. - „Geh' du vor", sagte die Seele zum Körper. „Auf mich hört er nicht. Vielleicht hört er auf dich." - Diese inzwischen geflügelten Worte von Ullrich Schaffer kennen Sie sicher. In guter Kommunikation mit dem Körper, dem individuellen Bewusstsein und der Seele sind wir nur sehr selten krank.

Das Seelencoaching 4 kann ebenso für ganz alltägliche Dinge benutzt werden. Wenn es Ihnen also schwerfällt, pünktlich zur Arbeit zu gehen, probieren Sie auch das. Bedeutend ist immer, dass Ihr großes individuelles Bewusstsein sein o.k. gibt. Deshalb lassen Sie sich genügend Zeit, um herauszufinden, was Ihnen wirklich etwas bedeutet. Vielleicht ist es für die Entwicklung Ihrer Gesamtpersönlichkeit im Moment gerade bedeutsam, in Ruhe in den Tag zu starten. Dann ist eher angesagt, mit ihrem Chef über Gleitzeit zu verhandeln oder Lösungen zu probieren, die aus einer Zusammenarbeit von Seele, individuellem Bewusstsein und Körper entstehen. Achten Sie auf unbedingte Ehrlichkeit sich selbst gegenüber. Auf lange Sicht gesehen werden Sie feststellen, dass Sie lernen, sich mehr um Ihre eigenen Belange zu kümmern und alle Ebenen Ihres Seins zu akzeptieren und wichtig zu nehmen.

Wenn Sie vielleicht meinen, sich lieber keine Suggestion geben zu wollen, so wird allein die Distanz, die durch die Begegnung mit dem großen individuellen Bewusstsein möglich wird, mehr Verständnis für Sie selbst und den gesamten Prozess ihres Seins erschaffen. Ein solches Vorgehen bringt im Verein mit dem kreativen Leerraum mehr Selbsterkenntnis und im Falle der Akzeptanz mehr Selbstliebe.

Ich empfehle Ihnen, dennoch nach Samen zu suchen, nach Suggestionen in der Trance. Schließlich beackern Sie einen Nährboden für Veränderung. Warum also keinen Samen in diesen guten Boden säen?

Sophia ist ein Mensch, der es liebt, den Dingen auf den Grund zu gehen. Als ich erkläre, wie sie für sich Raum für eine Seelenbegegnung in einer Selbsthypnose erschaffen kann, ist sie erst begeistert, möchte später aber doch nicht mit Suggestionen arbeiten.

„Mein Computer während der Arbeitszeit reicht mir schon. Ich mag nicht auch noch selbst zu einem Computer werden. Für mich fühlte es sich so an, als würde ich Knöpfe in mir installieren, wenn ich mit Suggestionen für mich arbeite."

„Suggestionen können sie den alten Glaubenssätzen entgegenstellen, die sowieso schon in ihnen wirken. Diese alten Knöpfe, ich meine ihre alten Glaubenssätze, werden sie nach meinen Erfahrungen auch nicht mehr los. Sie können nur erkennen, wenn sie selbst oder jemand anders diesen Knopf bedient und dann deren Wirksamkeit bewusst unterbinden. Das ist etwa so, als würden sie ein altes Programm überschreiben. Gegen die Knöpfe, die bereits in ihrer Kindheit installiert wurden, konnten sie damals auch nichts tun. Aber jetzt, als bewusste, erwachsene Frau, sind sie selbst in der Lage Knöpfe in sich zu installieren, die sie selbst gewählt haben, die sie gerne haben möchten und die in ihrer Wirksamkeit stärker sind, als die alten."

„Ich werde darüber nachdenken", verspricht Sophia.

Das Geheimversteck

Als wir uns das nächste Mal wiedersehen, strahlt Sofia über das ganze Gesicht. Sie schlägt die Beine übereinander und berichtet mit einem spitzbübischen Lächeln: „Es hat geklappt. Ich habe eine volle Stunde ohne Unterbrechung an meinem neuen Artikel gearbeitet. Das ist, seit ich zu Hause bin, in meiner gesamten Arbeitszeit für die Kirchenzeitung noch nie vorgekommen."

Da ich sie immer noch ziemlich verständnislos anschaue, erklärt sie es mir deutlicher.

„Na, ich habe das probiert mit dem Seelencoaching 4. Ich habe das mit der Körperentspannung ganz einfach hingekriegt. Und dann war ich schon fast schläfrig, als mir einfiel, dass da ja noch etwas war. Ich dachte mich also ganz entspannt so durch meinen Tag und dann fiel mir der Artikel ein, den ich am selben Tag im Pfarrbüro schreiben wollte. Ich mache das sehr gerne. Aber wenn ich einmal im Monat da bin, dann gibt es immer gefühlte 1000 Fragen und 100 Unterbrechungen. Ich mag die Menschen in der Pfarrei, aber ich bin dort immer so abgelenkt, dass es sich anfühlt, als würde ein kleiner Text zehn Stunden dauern. Und das nervt total. Also, als ich bei der Entspannung, bei dem überbelichteten Bild war, dachte es in mir ganz von selbst: *Ich möchte heute einfach in Ruhe den Artikel verfassen und anschließend erst mit den anderen quatschen.* Als ich schließlich gestern ins Pfarrbüro kam, fragte mich die Sekretärin, wie ich mit meiner Arbeit vorankäme. Ich sagte ihr ganz ehrlich, dass ich schon überlegt habe, meine Artikel lieber zu Hause zu schreiben. Aber da wären dann ja immer die Kinder. Die Sekretärin schaute mich fragend an und ich erklärte ihr, dass im Pfarrbüro natürlich keine Kinder wären, ich aber ständig abgelenkt würde, durch all die Menschen, die vorbeikämen und ständig etwas wollten. Sie lächelte: *Siehst du die kleine Tür da? Das ist mein Geheimversteck. Da gehe ich immer hin, wenn die Pfarrerin auch im Büro ist und ich in Ruhe meine Sachen erledigen will. Das ist zwar eher eine Besenkammer aber eben mein Geheimversteck. Da kannst du heute hineingehen. Du kommst erst wieder raus, wenn du fertig bist. Danach halten wir gemütlich unser Schwätzchen.*" Von selbst, hätte ich das Thema ehrlicherweise nicht angesprochen. Aber als sie mich ganz offen fragte, kamen die Worte einfach so aus mir heraus, ohne dass ich nachgedacht habe. Ist schon irgendwie voll cool mit den neuen selbstinstallierten Knöpfen."

Ich freute mich sehr über Sophias Experiment und ihren Erfolg auf zwei Ebenen, denn sie hatte sich ja auch vorgenommen über ihre Gefühle zu sprechen, statt immer wegzulaufen. Dass ihr Versuch, zu Hause zu arbeiten, wieder ihrem Muster lieber wegzulaufen, entsprach, anstatt ihre Bedürfnisse zu äußern, das erkannte sie erst in unserem anschließenden Gespräch. Dieser neue Weg war jedoch schon in ihrem großen Bewusstsein verankert. Ohne nachzudenken, beschritt sie den neuen Weg. Schön, wenn es schließlich auch mit Nachdenken funktioniert.

Schmerzhafte Offenheit

René nahm die nächste Hürde nicht so leicht. Er kam deutlich zerknirscht in die folgende Sitzung.

„Oh je, mir ist da etwas ziemlich Schreckliches passiert. Also ich hatte mit Johanna einen wirklich schönen Abend. Es war alles sehr romantisch und kuschelig nach unserer erotischen Begegnung. Da fragte sie mich völlig unvermittelt, woran ich gerade denken würde. Ohne viel nachzudenken berichtete ich von meinem neuen Designprojekt, an das ich gedacht habe und erklärte ihr die folgenden Arbeitsschritte, die das für mich bedeuten wird. Für mich ist das ja ziemlich normal, denn viele meiner kreativen Gedanken entstehen, wenn ich eigentlich erst einmal an nichts denke. Aber ich konnte förmlich fühlen, wie sie erstarrte. Sie wurde traurig und meinte, ich hätte wahrscheinlich auch die ganze Zeit vorher wohl nur an meine Arbeit gedacht, sonst hätte ich jetzt ja schließlich nicht so eine tolle Projektidee haben können. Ich erklärte ihr, dass ich oft in der Nacht, wenn ich aus einem Traum erwache, plötzlich gute Ideen habe. Deswegen habe ich ja extra ein kleines Heft neben meinem Bett. Das habe ich ihr auch gezeigt, aber alles half nichts und sie blieb den kompletten restlichen Abend eher distanziert und traurig.

Jetzt weiß ich wenigstens, warum ich bisher nicht über mich gesprochen habe. Es geht immer schief, wenn ich über mich spreche."

„Das tut mir leid, auch wenn sie Anerkennung für ihre Ehrlichkeit verdienen."

„Ich hatte mir ja auch fest vorgenommen, mit Johanna zu üben und mit ihr meine Gefühle zu teilen. Ich glaube, ich kann das einfach nicht. So etwas Fürchterliches ist mir jedenfalls nicht passiert, als ich nicht so viel von mir preisgegeben habe."

„So viel von ihren Gefühlen habe ich bisher noch gar nicht gehört. Es waren eher ihre Gedanken, über die sie gesprochen haben. Ich kann mir vorstellen, dass Johanna eher wissen wollte, wie sie sich gefühlt haben, auch wenn sie das so nicht gesagt hat."

„Echt jetzt, warum sagt sie das nicht? Ich hätte ihr bestimmt gesagt, wie wohl ich mich gefühlt habe und wie schön ich unser Zusammensein fand – allerdings vor unserem Streit."

„Spricht Johanna denn viel über ihre Empfindungen?"

„Oh je, ja das tut sie. Aber das ist mir eigentlich zu viel. Sie hat immer so viele Gefühle, dass ich mir gar nicht vorstellen kann, dass man so viele Empfindungen in so kurzer Zeit überhaupt haben kann. Mir ist das eher unangenehm, wenn sie mir erzählt, was sie alles an mir mag."

„Und was machen sie dann?"

„Na ja, ich höre mir das an und sage meist bloß: danke. Ich will eben nicht zu viel über Gefühle sprechen und über Liebe schon gar nicht. Ich weiß gar nicht mehr wirklich, was das sein soll. Ich finde, dafür dass wir uns ja noch nicht so lange kennen, reicht ein: *Ich mag dich.* Und das weiß ich wenigstens wirklich."

„Wenn Sie sich jetzt vorstellen, sie würden dauernd über Gefühle sprechen, weil ihnen das ein Bedürfnis ist und der andere sagt dann: *danke.* Und möchte anschließend über etwas anderes sprechen. Fällt ihnen noch was ein, worüber man sprechen könnte?"

„Sie meinen, Johanna wollte nicht über ihre Gefühle sprechen, weil sie meine Abgrenzung fürchtete, und hat deswegen lieber die Gedanken ins Gespräch gebracht?"

„Wie kann Johanna denn feststellen, was sie fühlen, wenn sie nie darüber sprechen? Der sicherere Boden sind dann doch die Gedanken. Was glauben sie, worüber Johanna in dieser romantischen Situation vielleicht nachgedacht haben könnte?"

„Hmm, Sie können ja Fragen stellen. Ich will gar nicht darüber nachdenken, worüber Johanna hätte nachdenken können. Der Konjunktiv hat das Problem, dass er nie eintritt."

„Ich wollte sie nicht verletzen."

„Ist schon gut, als Johanna weg war, habe ich mich auch gefragt, warum sie sooo sauer gewesen ist. Ich vermute, sie ist schon viel weiter als ich. Neulich hat sie mal gesagt, dass sie sich zum ersten Mal vorstellen könnte, mit einem Menschen Kinder zu bekommen. Ich glaube, ich bin fast aus dem Bett gefallen. Garantiert habe ich ziemlich entgleist geguckt."

„Und, haben Sie mit Johanna überhaupt einmal über Gefühle gesprochen?"

„Wie soll ich das denn machen? Ich hab ja immer noch so viel mit mir zu tun. Ich mache schon die Sachen da, also dieses Seelencoaching 1 und 2, sehr viel seltener die 3. Wenn ich damit fertig bin, geht's mir echt besser. Dann fühle ich mich in mir selbst zu Hause. Aber, wenn ich dann mit Johanna zusammen bin, dann ist alles wieder durcheinander. Ehe ich was Falsches sage, sage ich dann lieber gar nichts oder rede über meine Gedanken."

„Und wie fühlt sich das an?"

„Sicher."

„So sicher, wie der romantische Abend?"

„Meistens eben. Manchmal funktioniert es eben nicht. Mir ist Johanna schon wichtig geworden. Aber mehr kann ich nicht sagen, wohin das alles einmal geht weiß ich noch nicht."

„Und wo fühlen sie das, dass ihnen Johanna wichtig geworden ist?"

„In meinem Herzen und in meinem Bauch ist es wohlig warm."

„Ist das ein Anfang? Könnten Sie das Johanna sagen, damit wieder Frieden ist?"

Erleichtert atmete René auf. Ein neuer Anfang ist gefunden. Aber der Weg scheint noch weit. René hat den Kontakt zu sich und seiner Seele stark vernachlässigt. Er wird es üben müssen, bei sich zu bleiben in nahen Begegnungen mit anderen Menschen. Die Form der Selbsthypnose, aus Seelencoaching 4 wäre hier in der Praxis ja ganz schön, aber daheim sei ihm das zu kompliziert. Also probieren wir eine weitere Form der Selbsthypnose. Die folgende Übung trainiere ich mit René erst in der Praxis. Wenn es ihm gefällt, kann er zu Hause alleine damit experimentieren.

Seelencoaching 5: Seelenkontakt in Selbsthypnose halten

Nehmen Sie bequem Platz in einem Sessel oder auf einen Stuhl und sorgen Sie dafür, dass Sie etwa fünfzehn Minuten nicht gestört werden. Setzen Sie sich so aufrecht wie möglich. Die Wirbelsäule ist gerade und das Kinn parallel zum Boden ausgerichtet. Nun stellen Sie den Ellenbogen der rechten Hand auf die Armlehne und richten Ihren Unterarm auf. Auf einem Stuhl müssen Sie Ihren Arm selbst halten. Dann betrachten Sie Ihre rechte Hand, als würden Sie sie zum ersten Mal sehen. Ihre Handlinien, Ihre Fingerspitzen, die Schatten, die durch das Licht entstehen. All dies fordert Ihre volle Aufmerksamkeit. Vielleicht können Sie spüren, wie der Rest Ihres Körpers immer uninteressanter wird und bereits in einen Zustand der Entspannung sinkt. Wie sieht Ihr kleiner Finger aus? Wird er von der Sonne beschienen? Und jetzt hören Sie auf zu blinzeln. Sie begutachten voller Aufmerksamkeit, mit geöffneten Augen, nur Ihre rechte Hand. Mit dem ersten Blinzelimpuls kneifen Sie Ihre Augen ganz fest zusammen. Und so, wie Sie Ihre Augen schließen, verschließen Sie auch alle Gedanken gewissermaßen in einer virtuellen Schatztruhe, aus der Sie sie später wieder herausholen können, wenn

Sie dies möchten. Dabei lassen Sie auch Ihren rechten Arm auf die Armlehne sinken oder den Oberschenkel, wenn Sie auf einem Stuhl sitzen. So wie Ihr rechter Arm nach unten sinkt, so sinken nun Sie in einen Raum der Entspannung. Ihr Körper kann nun schlafen gehen, während Ihr Bewusstsein völlig wach bleibt. Auf diese Weise kann Ihr Bewusstsein gewissermaßen aus Ihrem Körper heraustreten, so dass Sie sich selbst von außen betrachten können. Diesen Menschen, der vor Ihnen sitzt, können Sie jetzt von außen betrachten wie einen guten Freund, wie den Menschen, der der wichtigste in Ihrem Leben ist – Sie selbst. Sehen Sie sich so liebevoll an wie die größte Kostbarkeit, die Ihnen je begegnet ist. Und ja, was Sie da vor sich sehen, ist das Zuhause Ihrer Seele und es ist Ihr Job, für dieses Zuhause zu sorgen. Vielleicht fällt Ihnen aus dieser Perspektive etwas auf, das Sie vorher so bisher noch nicht wahrgenommen haben. Werten Sie nichts. Nehmen Sie einfach nur wahr. Wünschen Sie diesem Menschen, der vor Ihnen sitzt, alles Glück der Welt. Und es kann sein, dass Sie etwas bemerken, was dieser Mensch, was diese Seele benötigen könnte. Sie haben alle Macht der Welt. Schenken Sie es ihm oder ihr. Verständnis, Liebe, Kraft, Mut: All dies und mehr ist in dem großen Bauchladen Ihres großen Bewusstseins vorhanden, verteilen Sie es großzügig. Und lächeln Sie diesem beseelten Menschen vor sich noch einmal zu, um sich wieder mit ihm zu vereinigen. Schauen Sie langsam mit Ihren inneren Augen wieder durch Ihre physischen Augen und bewegen Sie langsam Hände und Füße.

René taucht nach dem Training aus dem Seelenkontakt sehr erstaunt wieder auf. „Ich habe ganz viel Liebe und Wärme in mir gefunden. Ich dachte bisher immer, ich sei ein Verstandesmensch. Aber in mir ist eher ein großer Ozean voller Gefühle. Ich glaube, ich brauche ein inneres Regal zum Sortieren, damit ich mir einen Überblick verschaffen kann. Da sind so viele Empfindungen. Von manchen wusste ich nicht einmal, dass ich ihren Namen kenne. Tja, da ist es ganz schön bunt in mir und Gott sei Dank warm."

„Fällt Ihnen ganz spontan so ein Gefühl ein?"

„Das ist mir jetzt etwas peinlich. Zartheit. Ich bin doch ein standfester Mann und dann so etwas."

„Ich kann ihnen versichern, nur sehr starke Männer haben den Mut, in sich auch die Blume der Zartheit zu begießen. Ich finde, das ist eine sehr schöne Entdeckung. Es freut mich, dass sie so eine Kostbarkeit in sich gefunden haben. Meinen Sie, dass diese Form der Selbsthypnose für sie leichter sein wird?"

„Ja, ich glaube, das bekomme ich hin."

„Ich möchte ihnen etwas vorschlagen. Üben sie die Selbsthypnose aus dem Seelencoaching 5 und wenn das ganz gut klappt, wagen sie einen kleinen Vorstoß. Wenn sie mit Johanna zusammen sind, stellen sie ab und zu ihren rechten Arm auf. Machen sie das ganz nebenbei und selbstverständlich. Und während sie mit Johanna sprechen, spüren sie gleichzeitig, welche Gefühle in ihnen sind. Das wird ihnen so leichter fallen als sonst. Vielleicht entdecken sie ja das eine oder andere, was sie mit Johanna gerne teilen möchten."

René schaut mich etwas skeptisch an. „O.k. ich kann es ja versuchen. Aber versprechen will ich nichts."

13. Der KRELETH®Weg: Cokreationen mit der Seele - bester Begleiter des eigenen Lebens sein

In diesem Kapitel lernen Sie die neurologische Wirksamkeit der Visualisierung kennen.

Sie erhalten, durch Berichte neurologischer Studien, einen Einblick in die Gehirnaktivitäten eines Menschen während der Hypnose und der Meditation, um beide komfortable Werkzeuge bewusst und effektiv für den Prozess Ihrer Seelenbegegnungen einzusetzen.

Sie können die kreative Leere erst am Beispiel miterleben, um sie anschließend im Seelencoaching 6 selbst zu erfahren.

René folgt mutig dem Weg zu seiner Essenz weiter und findet dabei seinen großen Gefühlsreichtum. Nicht nur das, er gräbt längst vergessene Begabungen wieder aus und Sie dürfen ihn dabei hautnah begleiten.

Für die meisten Menschen ist es völlig normal, sich für eine Meditation an einen stillen Ort zurückzuziehen, an dem sie nicht gestört werden möchten. Selbsthypnose hört sich nicht so geläufig an. Als ein besonderes Merkmal der Hypnose gilt der Rapport zwischen Hypnotiseur und Hypnotisiertem. Die Absorption auf die Stimme des Hypnotiseurs und die Suggestibilität des Hypnotisierten nehmen dabei eine zentrale Rolle ein. Andererseits ist die Verarbeitung in der Meditation bestimmt durch die bewusste Kontrolle und die Fokussierung auf das Hier und Jetzt und die dahinter liegenden Seinsformen, das Transzendente, den Urgrund allen Seins.

Hierbei gilt es zu unterscheiden zwischen stark fokussierter Aufmerksamkeit in der Zen-Tradition oder der Metaaufmerksamkeit, die im Vipassana praktiziert wird.

Der Zen Buddhismus entwickelte eine Form der Aufmerksamkeit, die am besten durch eine Anekdote zu beschreiben ist: Shakyamuni Buddha saß mit einer Gruppe von Schülern zusammen, als er schweigend eine Blume pflückte und sie seinen Schülern wortlos zeigte. Weiter entfernt saß ein sehr fortgeschrittener Schüler: Mahakashyapa. Er lächelte, tief verstehend, als er die Blume sah. Da sagte Buddha: „Ich habe den Schatz des wahren Darma-Auges, des erhabenen Nirvana-Geistes. Die Wirklichkeit ist formlos; die höhere Lehre hängt nicht vom geschriebenen Wort ab, sondern wird unabhängig von Doktrin separat übermittelt. Dies vertraue ich Mahakashyapa an" (Aus „Buddhismus für Dummies"). Diese wundervolle Erzählung zeigt direkt auf, dass dort, wo es keinen Beobachter und nichts Beobachtetes mehr gibt, die Erkenntnis direkt übermittelt wird. Jeder Erklärungsversuch, jedes Wort gehört in die Welt des Dualismus - die Wahrheit ist immer Nondual. Sie wird geschenkt. Sie ist nicht wirklich durch eine Praktik zu erlangen. Der Meister, der die Wahrheit erfahren hat, gibt Hinweise, um die Dualität aufzulösen, in dem er den Geist durch die Lösung eines Koan's schult. Ein bekanntes Koan lautet:„Wie sah dein Gesicht aus, bevor deine Eltern geboren wurden."

Mahakashyapa lächelt und folgt damit Buddhas Einladung, dieses nonduale Erleben von Welt wortlos zu teilen. Die Meditation, das Zazen im Zen erfordert eine hohe Disziplin auf körperlicher und geistiger Ebene. Während der Körper in aufrechter Haltung sitzt, ist der Geist ständig damit beschäftigt, sich des gegenwärtigen Moments bewusst zu sein.

Spannend ist für mich die neurologische Studie, die von Kasamatsu und Hirai 1966 durchgeführt wurde. Untersucht wurden 24 Zen-Priester im Vergleich zu 24 Zen-Schülern. Gemessen wurden die EEG-Rhythmen während der gesamten Meditation, die sich in fünf unterschiedliche Phasen gliederte: 1. + 2. Visualisierung, 3. Rezitation, 4. Selbstauflösung, 5. Selbstrekonstruktion. Zusammenfassend zeigen die Ergebnisse einen Anstieg der Alpha-Band-Aktivität zu Beginn der Meditation (7,42Hz-11,13Hz), der bei den Zen-Schülern über den gesamten Bereich der Meditation bestehen bleibt. Die Zen-Meister hingegen wechseln in den späteren Phasen der Meditation in den Bereich rhythmischer Teta-Wellenmuster (3,71Hz-7,42Hz). Im Bereich der Gamma-Aktivität (25-42 Hz) konnten keine signifikanten Veränderungen festgestellt werden. Auf diese Weise ist es möglich, die für die unterschiedlichen Meditationsphasen gegebenen Ursprungsregionen für die EEG-Signale zu lokalisieren. Das heißt, während der Phase der Visualisierung gibt es verstärkte Signale rechst posterior, bei der Verbalisierung links zental, und während der Selbstrealisierung rechts frontotemporal (Vgl. Neurobiologie der Hypnose S. 806).

Damit wird neurologisch untermauert, dass die Vorstellung von Gegebenheiten/Ereignissen/Emotionen eine ebenso intensive Reaktion im Gehirn hervorruft, wie das real Erlebte. Andererseits zeigt der Vergleich zwischen Schülern und Meistern die Wirkung der dauerhaften Meditation auf die Plastizität des Gehirns. Die Erlangung des sogenannten Thetazustandes ist eben nur mit einigem Training zu erreichen.

Eine Studie von Lutz et al. (2004) bringt abweichende Resultate in das Feld der Diskussion. Er untersuchte acht Langzeitpraktizierende der Kagyüpa- und Nyngmapa-Schulen im Vergleich zu nicht praktizierenden Studenten, die beginnen, sich in der Meditation zu üben. Seine Ergebnisse zeigen hochamplitude Aktivitäten und ausgeprägte Phasensynchronisation im Gammabereich an lateral-frontoparientalen Ableitorten bei den Langzeitpraktizierenden. (Ebenda S. 806).

Zusammenfassend lässt sich sagen, dass das, was unter dem Begriff Meditation verstanden wird, sehr verschieden ist und daher ebenso die Erlebnisse eines Menschen während der Meditation. Dies fühlt sich für den Einzelnen nicht nur sehr andersartig an, es ist auch aus neurologischer Sicht sehr unterschiedlich. Aus neurologischer Sicht lassen sich Veränderungen im Theta- Alpha- und Gammabereich nachweisen.

Wie auch immer Sie Meditation betreiben, sehen Sie es als Ihre Form in einen anderen Bewusstseinszustand zu kommen. Der eine Weg ist nicht besser, eventuell nur individuell geeigneter, um in einen veränderten Bewusstseinszustand zu gelangen.

Für mich ist die Meditation ein Weg, um in möglichst niedrige Frequenzbereiche vorzudringen und wenigstens den Alphamodus meines Gehirns zu erleben, am liebsten den Thetazustand. Die damit verbundenen Gefühle von Gelassenheit, Frieden und im günstigsten Fall das Erleben des Leerraums, empfinde ich als sehr bereichernd, nährend und bewusstseinserweiternd. Über diesen Leerraum wird viel geredet und geschrieben. Ich persönlich hatte meine Erstbegegnung mit diesem Seinszustand nach vielen Jahren Vipassana Praxis und fünf monatigem intensiven Üben des Kriya-Jogas auf einem Seminar von Frank Kinslow, das den Titel „EU-feeling" trägt. Das Besondere an Frank' s Methode ist die Leichtigkeit und Freude am Tun. Dieses aktive Nichtstun brachte mich geradewegs in das Erleben des Nichts: in einen Raum der übervollen Leere und des lichtvollen Dunkels. Je mehr wir Menschen uns den Grundwahrheiten des Lebens nähern, desto weniger reichen Worte und unser Erfahrungspotenzial aus, um die Situation zu beschreiben. Das, was wir in einem anderen Zustand unseres Bewusstseins als Paradoxien erleben, fließt zusammen und wird zu einer Einheit. Das Alleinsgefühl ist eine ganz natürliche Folge eines solchen Erlebnisses. Heute bin ich sehr dankbar und ehrfürchtig gegenüber dieser Erfahrung, die sich nun für mich nicht jeder Zeit reproduzieren, jedoch einladen lässt - manchmal folgt das Leben seitdem meiner Einladung.

Das heißt, anders ausgedrückt, möchten wir uns dem Leerraum nähern, ist dies ein Unterfangen, das ein Wollen, ohne zu wollen, voraussetzt – erneut ein Feld für Paradoxien. Praktisch bedeutet dies: Möglichkeiten schaffen, Tun und Loslassen. Starkes Wollen verhindert eine Leerraumerfahrung. Ich interpretiere die EEG Auswertung der Zen-Schüler im Vergleich zu ihren Meistern ebenso. Natürlich sind sie den Anweisungen ihrer Lehrer gefolgt und dabei haben sie auch alles „richtig" gemacht. „Falsch" meditieren gibt es nach meiner Erfahrung nicht. Es ist eben nur eine andere Stufe auf dem Weg. Dieses Tun, ohne zu wollen, gelingt oder eben nicht.

Neurobiologie der Hypnose

Da schon die EEG-Ableitungen unterschiedlicher Meditationsformen und Menschen ausgesprochen heterogen sind, wird der Vergleich zwischen Gehirnaktivitäten der Hypnose im Vergleich zur Meditation schwierig. Halsband gelang es 2008, EEG-Ableitungen von derselben Person im hypnotischen und meditativen Zustand zu erstellen und diese miteinander zu vergleichen. Zum Vergleich wurden jeweils EEG-Ableitungen der Versuchsperson vor der Trance bzw. Meditation im Wachzustand mit offenen und geschlossenen Augen gefahren.

Im Vergleich zum Wachzustand zeigten sich sowohl in der Hypnose als auch in der Meditation eine signifikante Steigerung der Power im Alphafrequenzbereich, besonders in den zentralen Gehirnbereichen. Nur in der Meditation konnte eine Erhöhung der Alphapower im Frontalbereich des Gehirns gemessen werden. Dagegen brachte die Hypnose eine Steigerung der Alphapower in den Temporallappen und eine Erhöhung der Thetapower im Frontalbereich. Obwohl die Versuchsperson sich auch im Wachzustand in einer entspannten Ausgangslage befand, erhöhten sich in allen Bereichen des Gehirns sowohl in Hypnose als auch in der Meditation die Alpha- und Thetapower.

Kritisch ist hier anzumerken, dass die Studie von Halsband et. al. nur mit einer einzigen Versuchsperson arbeitet. Die Ergebnisse könnten mit einem anderen Menschen auch etwas anders ausfallen. Aus meiner Sicht gibt diese EEG-Analyse jedoch entscheidende Hinweise darauf, dass Hypnose und Meditation geeignete Verfahren sind, um das eigene Gehirn in niedrige Frequenzrhythmen zu modulieren.

Die KRELETH®Wege arbeiten daher sowohl mit Werkzeugen der Meditation als auch der Hypnose, um in einen kreativen, das heißt schöpferischen Leerraum zu gelangen, den jeder Künstler kennt. Der KRELETH®Weg hilft Lebenskünstlern, das Segeln auf dem Bewusstseinsstrom zu erlernen.

Kreativitätstraining durch Seelenkontakt

Ich werde häufig gefragt, wie es denn möglich sei, gezielt mit der eigenen Kreativität in Kontakt zu treten? Sie kennen inzwischen die Antwort: Da braucht es einen Rückzugsort, eine Zeit des Menschen mit sich selbst, in der er nicht gestört wird durch die Forderungen des Alltags oder die Kommunikation mit anderen Menschen. Eine Zeit des Loslassens und des bewussten Umschaltens auf Teamwork mit dem eigenen Inneren, mit unserer Seele, das ein gewisses Training in Konzentration voraussetzt.

Milton Erickson, für mich ein Meister der gelenkten Konzentration, setzt zudem noch eine Ausrichtung hinzu – eine Intention, als bewusste Suggestion. Dabei ist die folgende für ihn die Wichtigste: „Ich suche mir ein neues Leben aus und ich bin bereit viele Erfahrungen zu machen, die bisher noch unvorhersehbar und nicht kalkulierbar sind. Ich bin bereit, mich der Herausforderung zu öffnen, die vom Unbekannten herrührt. Der sicherste Ort auf dieser Welt ist das Grab und dort passiert gar nichts. Steckenbleiben, unmotiviert sein und sich nicht zu verändern ist sehr vorhersehbar. Leben bedeutet Veränderung. Da ist diese Brücke. Die Brücke, die dazu führt motiviert zu bleiben, sich zu verändern und weiterzuentwickeln, befindet sich in mir. Ich bin die Brücke und ich kann alles beobachten und die Überbrückung findet ganz von alleine statt, ohne dass ich es bewerten muss." (Zitat aus „Selbsthypnose" Brian Alman in Revensdorf, Peter S. 330).

Sie haben bereits erfahren, dass es da noch mehr gibt: diesen leeren Raum. Wir alle wissen, wie man etwas tut. Das Gegenteil davon wäre gegebenenfalls etwas nicht zu tun. Sie können sich in Ihrem Leben dafür entscheiden, mit der Bahn zu fahren. Dann tun Sie genau das. Sie fahren mit der Bahn. Sie können sich auch dafür entscheiden eben gerade dieses Verkehrsmittel nicht zu benutzen. Dann fahren Sie nicht mit der Bahn. Sie ahnen gewiss schon, worum es geht. Als Sie sich entschieden haben zu dem gewünschten Ziel nicht mit der Bahn zu fahren. Haben Sie Ihr Auto gewählt oder das Flugzeug, um dem gewünschten Ort zu erreichen. Sie können sich auch entscheiden, überhaupt nicht den Ort zu wechseln. – – – Und wann haben Sie das das letzte Mal getan? Vielleicht damals, als Sie krank geworden sind und nicht wie geplant verreisen konnten. Dann haben Sie sich in Ihr Bett gelegt und alles dafür getan wieder gesund zu werden. Haben Sie damals wirklich nichts getan?

Die letzte Krankheit, an die ich mich persönlich erinnere, war von hohem Fieber begleitet. Für mich bedeutete dies, dass ich tatsächlich das Bett hüten musste. Erst war ich ausgesprochen verärgert. Mein Mann und ich hatten geplant, Silvester und Neujahr mit Freunden außerhalb von Berlin zu verbringen, und nun war ich gezwungen, alles abzusagen und im Bett zu bleiben. Ich war meinem Körper sehr dankbar, dass er mir keine Wahl ließ. Bei einer leichten Temperaturerhöhung hätte ich ein Medikament genommen und wäre trotzdem gefahren. Diesmal ging das so nicht.

Die drei Tage, die das Fieber mein Leben auf einen sehr engen Raum beschränkte, brachten tatsächlich viele Leerräume. Als ich wieder meinen gewohnten Pflichten nachgehen konnte, stellte ich fest, dass ich das Bedürfnis verspürte, ein paar Veränderungen in meinem Lebensablauf vorzunehmen. Ich erschuf ein paar freie Abende für Freunde und Freundinnen. Freizeit ist in meinem bisherigen Leben entschieden zu kurz gekommen. Außerdem beschloss ich, in den Sommerferien mehrere Wochen die Praxis zu schließen, um mein Buchprojekt endlich zügig zu Ende zu bringen.

Diese Beispiele habe ich erwähnt, um zu verdeutlichen, dass etwas nicht zu tun nicht gleichzeitig einen Leerraum erschafft. Meist tun wir etwas anderes, wenn wir das eine nicht tun. Nichttun hat keinen hohen Stellenwert in der westlichen Welt. Bewusstes Nichttun zu praktizieren und auch gedanklich und emotional loszulassen, d.h. alles so zu belassen wie es gerade eben ist, ist geradezu revolutionär. Wie schöpferisch diese revolutionäre Handlung tatsächlich ist, werden Sie hoffentlich bald selbst erleben.

Seelencoaching 6: Eintauchen in den magischen Seelensee

Sie haben geübt, mit verschiedenen Formen des Pranayama alleine durch Atmen das Gefühl vollkommen versorgt zu sein, in sich entstehen zu lassen. Sie haben gelernt, ohne jeden Widerstand zu sein mit dem, was gerade ist. Und jetzt benutzen Sie diese Fähigkeiten zur Vorbereitung auf das Eintauchen in den See Ihrer Seele.

Im Zustand von Leichtigkeit und Widerstandsfreiheit öffnen Sie noch einmal Ihre Augen, werden sich des Raumes um Sie herum bewusst, stellen Ihren rechten Arm auf und betrachten Ihre rechte Hand so intensiv, wie Sie es aus dem Seelencoaching 5 kennen und gleiten in den Zustand der Trance. So, wie Sie sich jetzt selbst von außen betrachten können, können Sie sich nun in Ihrer Vorstellung an jeden beliebigen Ort begeben.

Jetzt verlassen Sie Ihre gewohnte Umgebung und erreichen einen wundervollen See. Einen See, der nur dafür da ist, damit es Ihnen dort gut geht. Sie erfahren Ihren See genau so, wie Sie es mögen. Betrachten Sie sein Ufer. Gibt es eine Wiese, Schilf oder einen Sandstrand? Ist das Wasser blau oder eher sanft grünlich? Scheint die Sonne? Es ist genau so temperiert, wie Sie es am liebsten haben. Und nun verspüren Sie ein großes Verlangen, schwimmen zu gehen und Sie genießen es, mit allen Sinnen in das Wasser einzutauchen, auf dem Wasser zu liegen, zu schweben, dahin zu gleiten. Sie sehen den Himmel über sich, riechen den Duft des Wassers - und wenn es noch irgendetwas gibt, was Sie noch mögen, ergänzen Sie es. An diesem Ort ist alles so, wie Sie es gerne haben.

Nachdem Sie nun eine Weile gemütlich Ihren See genossen haben, bemerken Sie, dass Ihr ganz persönlicher See ein magischer Ort ist. So wie es unsere germanischen Vorfahren glaubten, befinden Sie sich im See Ihrer Seele. Und Sie verspüren ein unwiderstehliches Bedürfnis hinab zu tauchen, in die Tiefe dieses Sees. Sie gleiten unter die Wasseroberfläche und auch unter Wasser können Sie mühelos und leicht atmen. Aber das Besondere ist, Sie spüren sich hier innen und außen gleichermaßen. In diesem magischen See sind Ihr Inneres und Äußeres gleich. Innen und außen verschmelzen. Zwischen dem Wasser des Sees und Ihre Person gibt es keinen Unterschied mehr. Und so wird alles, was Sie im Außen wahrnehmen, zu Ihrem eigenen Inneren. Als Erstes spüren Sie die sanfte Bewegung des Wassers auch in sich selbst. Sie nehmen das Wasser wahr, das Sie umgibt ebenso in sich; seine Wärme und angenehme Frische. Sie spüren seine Nähe und Unbegrenztheit und gleichzeitig wie grenzenlos Sie selbst sind. Und Sie erkennen: So fühlt es sich an, vollständig, lebendig und beseelt zu sein.

Und jetzt gibt es da in diesem Halbdunkel des Wassers ein Licht. Ein Licht leuchtet durch dieses Wasser hindurch und trifft erhellend einen funkelnden Stein oder eine gläserne Muschel, eine Perle oder was auch immer für Sie gerade wichtig erscheint. Und in diesem Funkeln und Glitzern erkennen Sie gleichzeitig Ihr Herz. Ja, Sie sind sich bewusst, so leuchtet mein Herz. Und Sie haben alle Macht der Welt. Sie können mehr oder weniger Licht auf Ihr Herz und gleichzeitig aus Ihrem Herzen scheinen lassen. Gerade so, wie es gut und gesund für Sie ist.

Sie lassen noch mehr los und gleiten hinein, in ein Gefühl von Zeitlosigkeit und Raumlosigkeit. Sie tauchen in die Dunkelheit des Sees, die sich erhellt in dunkellosem Licht. Sie schweben in einem raumlosen Raum und verschmelzen mit allem in dem einzigen winzigen kleinen Punkt, in den Ihr Ich zusammenfällt: friedvoll, sicher und weit.

Hier gleiten Sie in eine große Pause. So wie bei einem langen Atemzug lassen Sie alles los, bis in Ihnen der Impuls entsteht, neue Bilder aufsteigen zu lassen. Sie gönnen sich eine lange Pause von fünf bis zehn Minuten in diesem leeren, impulslosen Raum.

Bis Sie wieder auftauchen, gewissermaßen neu geboren werden aus diesem lebendigen Wasser. Bis Ihr Ich aus dem winzigen Punkt wieder aufersteht. Wie Sie sich jetzt selbst neu erleben und an Land steigen an neuen Ufern. Alt und neu sind eins. Aus der Raumlosigkeit gleiten Sie sehr langsam und bedacht zurück auf Ihre Unterlage. Sie spüren langsam wieder das Gewicht und die Begrenzungen Ihres Körpers. Und ganz langsam kehren Sie zurück in Ihrer Zeit, zu jeder Zeit, jetzt.

Sie schauen mit Ihren inneren Augen durch Ihre physischen Augen und bewegen langsam wieder Hände und Füße. Lassen Sie sich Zeit, um in den Alltag zurückzukehren. Nehmen Sie wahr, was sich in Ihnen ganz von selbst verändert hat. Wie sich Wichtigkeiten verschieben und das Maß Ihrer Selbstliebe stetig zu wachsen beginnt.

Ich habe sehr häufig erlebt, dass etwa drei Tage nach einem Besuch des „magischen Sees der Seele" in der Selbstwahrnehmung spürbare Veränderungen auftreten.

Ein neuer Weg beginnt

So wie Nah-Tod-Erfahrungen das Leben der Menschen verändern, die sie erleben. So wie Menschen auferstehen nach einer langen Krankheit. Sowie auch die liebevolle Verschmelzung mit einem Menschen alles verändert, die Menschen selbst und die Welt um sie herum. Alles wird eins und aus dieser Einheit kann alles entsteht.

Dr. Pim van Lommel und seine Mitarbeiter führten eine prospektive Studie an 344 Patienten, die einen Herzstillstand überlebt hatten, durch. Sie wurde 2001 in der medizinischen Fachzeitschrift „The Lacet" veröffentlicht. In den Kliniken, die an der Studie teilnahmen, gab es 330 Patienten, die einen klinischen Tod erlitten hatten, d.h. deren EEG eine Nulllinie zeigte und die mittels Herz-Lungen Wiederbelebung erfolgreich reanimiert werden konnten. Nach komplizierten Einwilligungsverfahren konnte anschließend mit 140 Patienten Interviews durchgeführt werden. Dabei fand er heraus, dass etwa 18 % davon eine Nah-Tod-Erfahrung (NTE) hatten. Diese Personen wurden in einer Langzeitstudie jeweils nach zwei und nach acht Jahren nach dem Ereignis des Herzstillstandes befragt. Im Vergleich dazu wurden auch die 82 % der Menschen befragt, die einen Herzstillstand erlitten, aber nicht von einer NTE berichtet hatten. Entscheidend ist, dass die Menschen, die von einer NTE berichteten, sich in folgender Weise veränderten: Alle Befragten haben keine Angst mehr vor dem Tod. Außerdem haben sie neue Einsichten darüber, was im Leben wirklich wichtig ist. Dabei steht die Liebe zu sich selbst und anderen Menschen an erster Stelle. Materielle Dinge seien kaum noch von Bedeutung. Der dritte Aspekt sei eine erweiterte Sensitivität. Die Menschen, die von keiner NTE nach einem Herzstillstand berichteten, zeigen auch diese Bewusstseinsveränderungen nicht. Vermutlich ist dies so, weil sie keine NTE hatten. Kinder im Alter unter fünf Jahren erinnerten sich kaum an irgendwelche Erlebnisse, wenn sie im

Krankenhaus einen Herzstillstand erlitten. Wenn Sie eine NTE hatten, zeigen sie die entsprechenden oben beschriebenen Bewusstseinsveränderungen. Ich schließe mich daher Pim van Lommels Überlegung an, dass die oben dargestellten Bewusstseinsveränderungen ein Indiz für eine NTE sind (vgl. „Illusion Tod" S. 76). Ich möchte dies erweitern um die These, dass ein intensiver Seelenkontakt einen Zugang zu einem höheren Bewusstsein darstellt und damit den Menschen von der Konzentration auf die materielle Welt löst. Dies ermöglicht es ihm stattdessen, große Fortschritte in der Fähigkeit zur Selbstliebe und Empathie gegenüber den Mitmenschen zu machen.

KRELETH® Wege führen also nicht in eine neue Form des Egoismus. Das Maß, in dem ein Mensch sich selbst lieben kann, bestimmt das Maß, in dem er andere lieben kann. Menschen, die nur einen einzigen Menschen lieben können, können in Wahrheit gar nicht lieben. Sie wollen diesen Menschen in Wahrheit besitzen und aus Angst, diesen einen Menschen zu verlieren, tun sie gewissermaßen alles und verlieren am Ende sich selbst.

Ihr Weg in immer mehr Selbstliebe, ist also nicht nur ein Weg, auf dem Sie sich selbst in einem liebevollen Licht sehen, sondern auch ein mit Liebe erfüllter Weg zu den anderen Menschen und zur Welt, die Sie umgibt.

Welche Geschenke es bringen kann, diesen KRELETH® Weg zu gehen, möchte ich Ihnen an der Begleitung von René verdeutlichen.

René im Korbsessel auf dem Rückweg zur Musik

Sichtlich erschöpft lässt sich René am Anfang unserer nächsten Sitzung in den Sessel fallen. „Uff, war das eine Schinderei. Wir haben auf der Terrasse einen Schaukelkorb aufgestellt. So ein Ding habe ich mir schon lange gewünscht. Da kann ich dann mit gekreuzten Beinen und dem Laptop auf den Knien immer wieder in die Ferne schauen und einfach meine Arbeit erledigen, wenn das Wetter angenehm warm ist und ich einen Homeoffiece-Tag habe."

„Von diesem Wunsch haben sie mir bisher noch gar nichts erzählt."

„Ja, das ist wohl ein Ergebnis meines Armaufstellens in Anwesenheit einer schönen Frau," erwiderte René mit einem breiten Grinsen im Gesicht.

„Es freut mich, dass sie sich auf diese Weise offensichtlich etwas näher kennen gelernt haben."

„Das mit dem Arm funktioniert erstaunlich gut. Ich fühle mich damit jetzt viel sicherer, wenn Johanna über ihre Gedanken und Gefühle spricht. Sie ist dann irgendwie da und ich bin auch bei mir und kann ihr trotzdem zuhören. Als der Arm noch nicht da war, habe ich ihr auch zugehört, aber ich war dann immer sehr schnell mehr bei ihr als bei mir. Schließlich hat mir das Angst gemacht und ich hab alle Jalousien runtergelassen und war dann am Ende nirgendwo mehr ganz. - Wir saßen also letzten Freitag abends gemütlich auf meiner Terrasse und schauten über die Dächer der Stadt. Johanna und ich hatten einen freien Tag vor uns. Sie fragte mich, worauf ich denn Lust hätte. Mein *Ach, ist mir egal, worauf hast du denn Lust,* ließ sie nicht gelten. Diesmal sollte ich bestimmen, was wir tun könnten. Ich betrachtete intensiv die Handfläche meiner rechten Hand und mir wollte einfach überhaupt nichts einfallen. Da meinte sie: *Was würdest du denn tun, wenn ich morgen nicht hier wäre?* Das wäre ja eine komische Frage entgegnete ich und sagte: *Na, erst einmal Gitarre spielen.* Das gefiel ihr und sie wünschte sich zum Morgenkaffe ein Gitarrensolo. Ich starrte weiter meine rechte Hand an und irgendwie fiel mir rein gar nichts ein. Kino, tanzen, bummeln gehen, all das hatten wir schon längst getan. *Es muss doch irgendetwas geben, was du schon immer mal gerne tun wolltest.* Blieb sie hartnäckig. Und dieses: was du schon immer mal gerne tun wolltest, half mir weiter. Da fiel mir die Korbschaukel ein und ich nahm all meinen Mut zusammen, denn ich dachte, ein Möbelhaus wäre ja nun nicht gerade ein sehr romantischer Ort für einen freien Tag. Doch weit gefehlt. Johanna war begeistert und es wurde ein toller Tag. Wir lachten viel und ich hatte das Gefühl, mal so richtig sein zu können, wie ich wirklich bin. Jetzt weiß ich, Johanna ist ein Typ, mit dem man Pferde stehlen kann. Wir ergatterten ein Ausstellungsstück und das mussten wir erst einmal auf dem Parkplatz auseinanderbauen, sonst hätte das Ding nicht in mein Auto gepasst und anschließend auf der Terrasse wieder zusammenbauen. Wir haben uns dabei nicht ein einziges Mal gestritten, sondern hatten ausgesprochen viel Spaß. Meine Korbschaukel ist übrigens aus Polyrattan. Johanna fiel schmunzelnd auf, dass ich da wohl etwas gekauft hätte, was ich ja gar nicht haben wollte. Dieses: *Echt jetzt, willst du das wirklich?* Begleitete uns humorvoll den ganzen Tag. Johanna ist ein Mensch, der schnell mit anderen ins Gespräch kommt. Ich glaube, ich habe noch nie mit so vielen fremden Menschen an einem einzigen Tag gesprochen wie an diesem Korbschaukel- Samstag. Ich meine den Tag mit dem Polyrattan-Hängesessel, um genau zu sein."

„Wie fühlen sie sich jetzt?"

„Erschöpft! Aber auch irgendwie erleichtert. Wenn ich fühle, wer ich wirklich bin, d.h., wenn ich gerade fühle, wie es mir geht, dann muss ich auch nicht dauernd etwas tun, was ich gar nicht möchte."

„Sie haben also mit Marie oft Dinge getan, die sie gar nicht wollten?"

„Nein, so meine ich das nicht. Ich wusste einfach oft nicht, ob ich etwas wollte oder nicht. Ich habe mir einfach nicht die Zeit genommen oder besser, ich wusste auch nicht wie es funktioniert, zu wissen, zu fühlen, was ich wirklich will. Der ganze Raum war irgendwie immer angefüllt mit Marie und ich war nur noch eine Schattenfigur im Zimmer. – Aber es war schon anstrengend. Anfangs war da nur gähnende Leere in meinem Kopf. Wenn Johanna nicht so hartnäckig gefragt hätte, wäre ich lieber einem Vorschlag von ihr gefolgt."

„Und dann wären sie wohl bald wieder verloren gegangen."

„Gibt es nicht noch etwas, was ich machen kann? Ich kann nicht permanent die rechte Hand anstarren, um bei mir zu sein."

„Ich hoffe, Sie beginnen ihren Tag mit dem Atmen für die Seele. Sie erledigen ab und zu eine Chakrareinigung und wenn sie das nun einigermaßen gut können, bringe ich Ihnen jetzt das Seelencoaching 6 bei. Das hilft ihnen immer besser, mit ihrem inneren Kern in Kontakt zu kommen. Ihre Seele wird sich über Ihren Besuch freuen."

René lässt sich auf den Deal ein und verlässt die Praxis nach einem angeleiteten Seelencoaching 6 erfrischt, obwohl er intensiv gearbeitet hat und ziemlich erschöpft angekommen ist.

Wichtig ist es mir, an dieser Stelle darauf hinzuweisen, dass das Seelencoaching 6 keine einfache Phantasiereise ist. Eine Phantasiereise ist dösen auf höherem Niveau. Während eine Hypnose oder Selbsthypnose und Meditation gerade eine besondere Form der Konzentration darstellen. Für das Seelencoaching 6 brauchen Sie einige Übung im Bereich der Konzentration. Diese Fokussierung Ihres Geistes können Sie hervorragend mit allen Pranayamaübungen trainieren. Es gibt viele Möglichkeiten die feinstoffliche Wahrnehmung zu erhöhen, die Ihren Profit aus den Seelenbegegnungen stark erhöht. Im Rahmen dieses Buches haben Sie auch die Chakrenreinigung kennen gelernt. Mit ein wenig Übung werden Sie wahrnehmen können, wie unterschiedlich sich Ihre einzelnen Chakren anfühlen. Diese Chakren fühlen sich nicht jeden Tag gleich an, sondern ihre Aktivität ist sehr stark von Ihrer aktuellen Lebenssituation abhängig. So gut vorbereitet, durch die Seelencoachings 1-5, sollte es Ihnen leicht fallen, in Ihrem magischen See Ihrer Seele gewissermaßen in einem Schwebezustand anzukommen, dort tief einzutauchen in die Paradoxien der Lebendigkeit, um dann hineinzugleiten in einen hypnotischen Zustand der kreativen Leere.

Als wir uns das nächste Mal wiedersehen, erklärt René rundheraus, er müsse mit mir über etwas reden.

„Also mir ist da etwas passiert, was ich nie für möglich gehalten hätte. Ich war ganz allein auf einem Straßenfest. Alle meine Freunde hatten keine Zeit. Johanna war bei ihren Eltern und ich hatte den gesamten Tag angestrengt gearbeitet. Ich war der Meinung, dass ich mir eine Belohnung verdient hätte und so ging ich einfach so in meinem Lieblingsbezirk spazieren. Da hörte ich Musik. Es waren irgendwie Klänge, die ich so nicht kannte. Beim Näherkommen sah ich einen Typen, der unter anderem die Straßenlaterne benutzte, um richtig klasse Musik zu machen. Ich blieb stehen und hörte ihm zu. Ich fand ihn sympathisch und die einfache Art, wie er auf ein paar Blecheimern Musik machte, gefiel mir. Schließlich saßen wir in einem Biergarten und ich erfuhr, dass er normaler Weise Schlagzeug spielen würde. Für so ein Straßenfest seien ihm aber seine teuren Instrumente zu schade. Er lud mich ein, bei seinem nächsten Auftritt mal zuzuschauen, wenn er richtig Musik machen würde, wie er meinte. Johanna ist auch am nächsten Wochenende noch nicht wieder zurück und ich weiß jetzt nicht, ob ich da hingehen soll. Ich kenne den Typen ja eigentlich gar nicht. Marie hat früher immer tierisch Theater gemacht, wenn ich alleine weggegangen bin. Ich habe Johanna noch nichts davon erzählt und irgendwie will ich das auch nicht. Es läuft gerade alles so gut zwischen uns und ich will keinen Ärger."

„An dem Abend, an dem sie alleine durch die Stadt geschlendert sind, wie haben sie sich da gefühlt?"

„Erst wollte ich nach Hause gehen, ich hatte zwei Freunde angerufen und beide hatten keine Zeit. Ich schaute aus dem Büro auf die Straße und dachte an gar nichts. Plötzlich war in mir der Satz: *Scheiß drauf, ich lauf einfach noch ein bisschen rum.* Schließlich habe ich den ganzen Tag gesessen und es fühlte sich gleich besser an."

„Als sie danach durch die Stadt gelaufen sind, fühlten sie sich einsam?"

„Nein, überhaupt nicht. Ich fühlte mich frei und gut bei mir selbst. Ich wollte ja gar nichts. Einfach nur so da sein. Wenn ich jetzt so darüber nachdenke, war das ein sehr schönes Gefühl und ich fühlte mich gar nicht allein."

„Sie fühlten sich also mit sich selbst verbunden. Das ist ja tatsächlich ein großer Fortschritt. Um mit ihren Worten zu sprechen, wie würden sie die Frage beantworten: Echt jetzt, willst du das wirklich?"

„Ja, ist schon witzig, ich hab jetzt ziemlich häufig dieses Gefühl, dass ich gerade genau das Richtige tun. Ich hätte auch ins Kino gehen können oder sonst was. Aber ich war genau richtig in der City auf dem Weg zur Musik."

„Ich glaube, sie haben da gerade etwas sehr Wichtiges gesagt: Auf dem Weg zur Musik."

„ O.k., ich denke, ich verstehe es. Wenn ich dahin gehe in dieses komische Musik-Loft, dann folge ich ja eigentlich der Musik. Als ich noch Schüler war, habe ich in der Schulband gespielt. Wir hatten einen echt tollen Musiklehrer. Wie hieß der doch gleich? Velten mit V. – Aber nach dem Abi haben wir uns alle aus den Augen verloren, obwohl wir uns versprochen hatten, uns in den Semesterferien wieder zu treffen. Nur noch einer von den Jungs, der Fabian, ist heute noch mein richtiger Freund. Das war damals unser Schlagzeuger. Aber heute, hat er eine Familie und wir machen schon lange keine Musik mehr zusammen. – Schade eigentlich."

„Was denken sie jetzt über das Loft, in dem ihr neuer Bekannter Musik macht? Schade eigentlich?"

„Gegenvorschlag: Wenn sie die Hypnose anleiten, komme ich tiefer. Wir machen nochmal diese Hypnose mit dem Loch in der Mitte und danach beantworte ich ihre Frage."

Das, was sich René hier wünscht, zeigt, wie gut er vorangekommen ist. Er tritt geradlinig für seine Bedürfnisse ein. Er spürt, was er braucht und sucht nach Wegen, damit er der Mann sein kann, den er inzwischen besser in sich selbst wahrnimmt. Ich begleite René also erneut in den „magischen See seiner Seele". Hier hilft uns besonders, dass er regelmäßig seine Atemübungen in den Alltag einfügt. Er zeigt schnell alle Anzeichen der Trance, auch weiterhin, als ich aufhöre zu sprechen und er zehn Minuten einfach in einem leeren Raum verweilt. Ich lasse ihn dann in seiner Zeit, zu jeder Zeit, ins Jetzt zurückkommen.

Auch nachdem er die Augen öffnet, braucht er noch etwas Zeit, um sich im Raum ganz wieder zu Hause zu fühlen.

„Ich will diesmal nicht darüber sprechen, was ich erlebt habe, weil ich Angst habe, dass das Reden alles wieder kaputt macht. Vielleicht erzähle ich es ihnen beim nächsten Mal."

„Alles gut. Wissen Sie schon, ob sie ihrer neuen Bekanntschaft beim Schlagzeugspielen zuhören werden?"

„Ja, da werde ich hingehen. Johanna mag es immer, wenn ich Gitarre spiele. Ich werde ihr sagen, dass ich ein paar neue Anregungen brauche und mit Jakob, so heißt der Typ, darüber sprechen möchte."

14. Im leeren Raum - alles Nichts?

Dieses Kapitel führt Sie tiefer in das Verstehen des leeren Raumes und in die immer bewusstere Öffnung für eine kreative Seelenbegegnung.

Durch Sophias Konfrontation mit einer depressiven Phase können Sie die Parallelen im unangenehmen Leerraum dieses Krankheitsbildes entdecken, erfahren jedoch auch Beispiele für deren kreative Überwindung.

Den Abschluss bildet ein kleiner Ausflug in die Welt der physikalisch beschreibbaren Kräfte des großen Raumes, der uns umgibt.

Zunächst können wir feststellen, in René ist etwas passiert, das ihn beeindruckt hat. Etwas, mit dem er erst einmal allein mit sich selbst sein möchte. Das Loch, wie er es nannte, ist ein Loch in seinem Leben. Hier muss er niemand sein, kann er alle Rollen loslassen. Mir gefällt die Metapher des Sees der Seele in der Hypnoseanleitung des Seelencoachings 6 mit ihrem Bild eines Schwebezustandes unter Wasser, in dem Dinge möglich werden, die sonst nicht möglich sind. Nicht einer meiner Klienten hatte jemals eine Atemproblematik untergetaucht im See. Keine Todesängste, wie wir sie alle hätten, sollten wir, gebunden an die Vorstellungen der alltäglichen Wirklichkeit, zehn Minuten unter Wasser verbringen. Ihr Bewusstsein bleibt klar und wach, während Ihr Körper vollkommen uninteressant wird. Sie können ihn auf der Unterlage, auf der Sie liegen, gewisser Maßen wohlbehütet zurücklassen. Außer dem werden durch die Verbindung für uns erst einmal unmöglich erscheinende Wortformen kreative Prozesse angestoßen. Ihr „drittes Bewusstsein" folgt Ihnen voller Neugier und Leichtigkeit ins lichtlose Licht in einen formlosen Raum. Dort angekommen, steht Ihnen die gesamte Schöpferkraft Ihrer Seele zur Verfügung. Eine weise Seele, die schon vor Ihrem ersten Atemzug mit Ihnen war und auch nach Ihrem letzten Atemzug sein wird. Niemals in Ihrem Leben haben Sie mehr schöpferische Kräfte zur Verfügung als eben gerade im Moment voller Hingabe an ein Loch, wie René es treffend nannte: ein Loch, eine Lücke, die Sie in Ihrem Leben lassen. Eine Lücke, in der Sie Ihrem „dritten Bewusstsein" erlauben, die Führung zu übernehmen. Folgen wir diesem Bild in die Astrophsyik, so verschlingen schwarze Löcher ganze Galaxien in ein kosmisches Nichts, das alles enthält. Physiker, die sich mit dem Äther, (Pali: Arkasha, dem große Bewusstseinsraum, der uns umgibt) beschäftigen, der heute in der Physik als Quantenvakuum, Quantenfeld oder Nullpunktfeld bezeichnet wird, haben erkannt, dass der eigentliche Unterbau des Universums ein wogendes Meer von ständig wabernder, neutraler, zeit- und raumloser Energie ist. Ein Qubikmeter dieses „leeren Raums" enthält mehr Energie als alle Materie im bekannten Universum zusammen. Es ist der „leere Raum", aus dem alle materiellen Manifestationen hervorgehen (vgl. Dr. Brian Green „Das elegante Universum" Entwickler der Superstring-Theorie).

Diese Zusammenhänge mögen genügen, um in Ihnen einen ähnlichen Mut wachsen zu lassen, wie ihn René gefunden hat. Die vorausgehenden Atemübungen werden in Ihnen Ruhe und Selbstbewusstheit entstehen lassen. Dies ist notwendig, um den Schritt zu wagen, einmal vollkommen loslassen zu können. Was dabei in Ihrem Gehirn und Ihrem Nervensystem geschieht, wissen Sie bereits aus den Kapiteln 4 + 7. Ihre Innen - und Außenwahrnehmung steigert sich ebenso wie deren

Verarbeitung und damit das, was wir als Intelligenz bezeichnen. Ihre persönliche Intelligenz findet einen Zugang zur kosmischen Intelligenz. Dies führt unwillkürlich zu einer Bewusstseinserweiterung – einer Seelenbegegnung.

Der nächste Aspekt ist die Tatsache, dass wir alle in unserem Leben viele Erfahrungen machen, die uns nicht guttun, die eigentlich in einen emotionalen Mülleimer gehören würden. Doch die meisten Menschen lassen diesen Müll ihr ganzes Leben lang in sich herumliegen – im Feld ihrer Aura. Stellen Sie sich einmal vor, dass Ihre Seele, als sie in Ihren Körper einzog, ein wunderschöner Kristall oder ein leuchtender Stern war. Das ist sie auch heute noch. Sie haben jedoch, bildlich gesprochen, zerrissene Liebesbriefe und alte Bananenschalen darum herum gelegt und Ihren Stern damit abgedeckt.

Wie ein funkelnder Kristall aussieht, wissen Sie vielleicht. So strahlt Ihnen das Licht des Sterns einer Kinderseele, aus glücklichen Kinderaugen entgegen. Es gab eine Zeit, in der ich dachte, nun zu alt für die Arbeit mit Kindern zu sein. Doch auch heute noch finden Kinder den Weg in meine Praxis und ich nehme diese Tatsache inzwischen dankbar an. Immer bewusster öffne ich mich für den Seelenkontakt, den Kinder bereitwillig bieten und ebenso unmissverständlich von mir fordern. So ist es möglich, dass Kinder in unseren Sitzungen mit ihrer eigenen Seele in Kontakt treten und ihren Ballast ganz selbstverständlich völlig unbewusst abwerfen. Dadurch sammelt sich erst gar nicht so viel Müll in ihnen. Und Sie, liebe Seelensucherinnen und Seelenforscher, können diese Müllabfuhr durch regelmäßige Chakrenreinigung bestellen. Durch diese Vorbereitungen finden Sie die Motivation, Neugier und den Mut, in Ihrem Leben voller Leichtigkeit ein Loch entstehen zu lassen.

Am Anfang braucht es Entschlossenheit, etwas zu verändern, das eigene Selbst deutlicher und häufiger wahrzunehmen. Doch bald ergeben sich ganz selbstverständlich die Pausen, die Sie für Ihre Selbstpflege brauchen. Sie werden Ihnen genauso wichtig, wie das Telefonat mit Ihrer liebsten Freundin oder das Treffen mit Ihrem besten Freund und sie sind es auch. Es sind Rendezvous mit Ihrer Seele. Mit diesem Polster im Hintergrund wird es leicht, sich dem schwerelosen geordneten Chaos zu übergeben, aus dem bekanntlich die Sterne entstehen.

Absturz aus zehn Metern Höhe

Sophia hatte einen Termin kurzfristig abgesagt und sich dann zwei Monate nicht gemeldet. Ihre sonst so schön gewellten Haare liegen eng am Kopf und sie schaut mich aus großen traurigen Augen an. Sie wirkt abwesend und teilnahmslos.

„Beinahe wäre ich heute auch nicht gekommen. Ich war noch zu müde und es nützt sowieso alles nichts. Im Moment bin ich noch trauriger, als ich es je gewesen bin. In meinem Leben läuft einfach überhaupt nichts so, wie ich es möchte. Es ist alles sinnlos."

„Sie glauben alles, was sie bisher getan haben, ist sinnlos?"

„Na, ja vielleicht nicht alles. Aber unsere ganze Arbeit hier ist völlig zwecklos. Ich habe fast zwei Monate lang die Übungen nicht gemacht. Ab und zu habe ich das Seelencoaching 2 hingekriegt. Heute Morgen war ich so erschöpft, dass ich beinahe nicht hätte aufstehen können. Ich wollte auch gar nicht aufstehen. Mit Mühe habe ich es geschafft, das Frühstück für die Kinder zu bereiten. Im Moment ist so etwas Schwerstarbeit für mich. Mit meinem Mann habe ich mich dann auch noch gestritten. Der versteht das einfach nicht. Wenn ich ehrlich bin, verstehe ich es auch nicht."

Ich erkläre Sophia vorsichtig, dass Depression eine Krankheit sei, die in Schüben auftreten würde. Man könne lernen, mit dieser Krankheit umzugehen. Unser Rückzug im Atem sei da ein wichtiger Beitrag. Man muss eben ein Schwert erst schmieden und den Schwertkampf üben, bevor man Siege auf dem Schlachtfeld erringen könne. Ich hätte noch kein Bild von dem, was hier gerade geschehen würde. Bei unserem letzten Treffen hätte sie auf mich einen sehr lebensfrohen Eindruck gemacht.

„Mein Mann sagt, Menschen sterben nun einmal. Das sei ganz normal. Dass auch meine Mutter einmal sterben würde, sei ja abzusehen gewesen, schließlich ist sie ziemlich krank gewesen. Aber das ist gar nicht wahr. Vor drei Jahren sagten die Ärzte, dass sie keine Metastasen finden konnten. Ich dachte immer, sie sei jetzt vollkommen gesund. Ich hatte sie überredete, hier zu uns in die Stadt zu ziehen. Im nächsten Frühjahr hätte sie kommen sollen. Dann wären wir wieder eine richtig große Familie gewesen und jetzt ist sie tot."

So langsam verstehe ich, was da geschehen war. Diese Sophia, die jetzt vor mir sitzt, sieht aus wie ein kleines trauriges Mädchen. So aufgelöst hatte ich sie noch nie gesehen. Bisher hatte sie auch noch nicht viel über ihre Mutter gesprochen. Ich wusste nur, dass ihre Mutter stark unter Depressionen gelitten und eine Vielzahl Medikamente eingenommen hatte, die Sophias Kinderleben schwer gemacht hatten. Sie selbst vermied daher jede Einnahme von Medikamenten, selbst, wenn sie manchmal unter Kopfschmerz litt. Ich drückte ihr also mein Mitgefühl aus.

„Ich weiß jetzt ungefähr, wie sich meine Mutter in ihrer Depression gefühlt haben muss. Es ist einfach ein riesig großes, graues Gefühl. Wenn ich nach vorne schaue, sehe ich eine endlose graue Straße mir. Wenn ich mich innerlich umdrehe, sieht es genauso aus. Ich habe keine Gefühle, einfach keine Gefühle. Meine Mutter ist vor einem Monat beerdigt worden. Ich habe alles geregelt und funktioniert wie ein Roboter. Ich habe keine Gefühlsregungen mehr in mir drin. Ich habe gar keine Lebendigkeit mehr. Ich bin zwar jetzt eine arbeitslose Vollwaise, aber ich werde diese Scheißmedikamente nicht nehmen. Heute nicht und nicht morgen und sie können mich auch nicht dazu überreden."

„Ich möchte sie gar nicht überreden. Ich glaube, ich kann mir langsam vorstellen, wie schrecklich sich das in ihnen anfühlt. Und ich kann verstehen, wie groß ihre Trauer und ihre Enttäuschung jetzt sind. Können sie das fühlen?"

„Nein, ich fühle einfach nichts und dieses Nichts ist nicht friedvoll. Es ist gefräßig und ich habe Angst, dass es mich ganz auffrisst. Diana ist jetzt schon fast zehn und macht das mit der Schule schon sehr selbständig. Heute Morgen hat sie mich zweimal daran erinnert, dass ich noch den Zettel unterschreiben muss, damit sie beim Ausflug schwimmen gehen darf. Ich hab sie angeschnauzt, als sie mich das zweite Mal daran erinnerte und in ihren Augen konnte ich Unverständnis sehen und ich glaube Angst. Fast hätte sie angefangen zu weinen, die Arme. Ich hab diesen blöden Zettel dann unterschrieben und mein Mann hat sie in die Schule gefahren. Ich will das nicht. Ich will so nicht sein und ich will nicht, dass es so ist."

„Normalerweise sind sie doch eine liebevolle Mutter. Diese Zeit jetzt ist ein Ausnahmezustand. Der Tod ihrer Mutter ist ein harter Schlag für sie. Bitte seien sie nicht so hart mit sich selbst. - Ich habe da gerade etwas gefunden. Da war eben ein Gefühl. Das ist ganz wundervoll, weil es sie auftaut. Dass sie auf dieser grauen Straße die Angst von Diana wahrnehmen konnten. Das ist ganz wunderbar."

Entsetzt schaut mich Sofia mit weit aufgerissenen Augen an, doch dann laufen ihr endlich die Tränen über die Wangen. Die Starre kann sich lösen. Ab und zu höre ich: *Ich liebe meine Kinder .... Ich kann das nicht .... Ich will das alles nicht noch einmal erleben.* Durch all den Schmerz hindurch kann ich wahrnehmen, dass wieder Leben in Sophias Körper fließt. Noch kehrte Sophia nicht in ihr Erwachsenenselbst zurück. Immer noch schauen mich zwei traurige Kinderaugen an.

„Ich weiß, dass es weh tut", sage ich, „und es tut mir sehr leid, dass alles so plötzlich kam. Schön, dass sie trotzdem hergekommen sind. Es fühlt sich für mich an, als wäre da sehr, sehr viel Schmerz in ihnen."

„Als der Arzt anrief, konnte ich gar nicht verstehen, was er mir da sagt. Ich wusste nicht einmal, dass meine Mutter im Krankenhaus lag. Ich hatte sie am Wochenende davor nicht erreichen können. Aber ich dachte mir nichts dabei. Ich wusste gar nicht, wie krank sie war. Sie hat einfach nicht darüber gesprochen. Aber in mir war so ein komisches Gefühl und deswegen wollte ich sie in meiner Nähe haben. Damit ich ihr

182

helfen kann, wenn sie mich braucht und sie mich unterstützen könnte, wenn ich sie brauche. Es ginge ihr jetzt viel besser, dachte ich. Dann hätten wir nachholen können, was wir in meiner Kindheit nicht erlebt haben. Das wäre so schön gewesen. Ich hatte mich so darauf gefreut. Es ist, als wäre ich aus zehn Höhe auf Beton geknallt. Ich verstehe das nicht. Warum hat sie mir denn bloß nicht das kleinste Bisschen gesagt?"

„Wie hatte ihre Mutter denn reagiert, als sie erstmalig an Krebs erkrankt war?"

„Es war eine Routineuntersuchung und dabei hatten sie Darmkrebs entdeckt. Meine Mutter ist nie gerne zum Arzt gegangen. Sie wollte sich erst gar nicht operieren lassen. Das sei doch sowieso sinnlos hatte sie geglaubt. Aber die Ärzte drängten sehr zur Operation. Sie wurde schnell wieder gesund. Bald war sie wieder zu Hause und alles schien wie sonst. Auch damals hatte ich schon gesagt, sie solle doch zu uns kommen. Jonathan war gerade geboren worden. Es wäre schön gewesen, die Zeit mit ihr zu erleben. Aber sie wollte nicht. Deswegen hatte ich mich auch gewundert, wie einfach es diesmal gegangen war. Sie hatte versprochen zu uns zu kommen, wenn der Winter vorbei wäre und jetzt hat sie das Frühjahr gar nicht mehr erlebt. Ich bin nicht nur eine schreckliche Mutter, ich bin auch eine schreckliche Tochter. Mein Vater ist alleine gestorben und meine Mutter jetzt auch."

„Haben sie eine Idee, was ich heute für sie tun kann?"

Sophia beugt sich mit gesenkten Augen vor und hält sich mit ihren eigenen Armen fest umschlungen. Dann schaut sie vorsichtig hoch und sagt leise: „In mir ist so viel Verzweiflung und ich glaube, was noch viel schlimmer ist: ganz viel Wut. Können sie machen, dass sie weggeht. Ich schäme mich so dafür."

„Wo in ihrem Körper können sie die Wut spüren?"

„Sie sitzt im Bauch. Ich kann nichts essen und mir ist schlecht. Wenn ich schnell aufstehe, wird mir schwindlig."

„Wenn sie in diese Wut hineinspüren, ist diese Wut alt oder neu?"

„Die Wut ist alt, ich vermute sehr alt. Ich glaube, diese Wut ist da, seit ich angefangen habe zu denken."

„Versuchen sie einmal, dahin zu spüren, wo diese Wut angefangen hat. Wie alt sind sie da?"

Sophia fängt an, am ganzen Körper zu zittern. Sie weint.

„Am Anfang war diese Wut Angst. Ich bin noch klein, vielleicht fünf Jahre alt. Ich stehe am Bett meiner Mutter, sie wirkt, als wäre sie tot. Sie hört nicht auf das, was ich sage und sie öffnet nicht die Augen. Ich ziehe an ihrem Arm und will sie schütteln, damit ich weiß, ob sie noch lebt. Dann macht sie die Augen auf und gleich wieder zu. Jetzt fürchte ich nicht mehr so sehr. Dafür bin ich traurig. Ich halte Ihre Hand fest. Ich kann nichts tun. Ich bin total wütend auf mich, weil ich einfach nichts tun kann."

„Ich glaube, niemand hätte in dieser Situation etwas für ihre Mutter tun können. Sie waren eine sehr gute Tochter, an der Seite dieser kranken Frau. Wollen wir beide jetzt etwas für dieses kleine Kind da tun?"

Sophia richtet sich wieder auf und schaut mir direkt ins Gesicht. „Ja, wenn das geht, gerne."

Sophia ist durch den plötzlichen Tod ihrer Mutter in einen depressiven Zustand geraten. Sie selbst erkannte, dass die innere Leere, die in ihr dadurch entstand, eine Form der Erstarrung war. Sie war unfreiwillig dort hineingeraten. Die Gefühle waren übermächtig geworden und, da sie auch einen großen Anteil Wut enthielten, hatte Sofia unbewusst die Notbremse gezogen. Sie wollte ihre Wut nicht leben, sie wollte auch die Angst ihrer Kindheit nicht mehr leben. So entschied ihre Psyche, dass Leblosigkeit in Form von Erstarrung eine Lösung sein könnte. Sozusagen allen Druck herausnehmen, den Stecker ziehen und in eine Erstarrung gehen: Das Krankheitsbild der Depression. Auch in einer Depression erfährt ein Mensch einen großen Leerraum und auch dieser Leerraum kann sehr kreativ sein. Anerkannte Wissenschaftler wie Newton und bedeutende Künstler wie Kafka und van Gogh litten unter Depressionen. Wenn es Menschen gelingt, nach einer depressiven Phase, sich wieder den Gefühlen zu stellen, sich für die Erweiterung des inneren Wissens zu öffnen und die Funde in ein neues Bewusstsein zu integrieren, wird eine Depression zu einer schöpferischen Pause.

Verändern Menschen nach einer depressiven Phase ihre Lebenssituation nicht, so ziehen am Horizont bereits neue dunkle Wolken auf. Sophia wird angetrieben von der Scham für ein „unerlaubtes Gefühl". Dieses Grundgefühl treibt sie an, sich den Gefühlen zu stellen, die neu in ihr Bewusstsein integriert werden müssen, damit sie nicht immer wieder Auslöser für eine unerklärliche Traurigkeit werden können.

15. Seelenrückholung

In diesem Kapitel erfahren Sie, wie es geschehen kann, dass sich Teile unserer Seele „abkapseln" und mit schwierigen Lebenssituationen verbunden bleiben, auch, wenn sie längst vorüber sind.

Sie können miterleben, wie René sich selbst aus der Perspektive des Beobachters wahrnimmt und wie sehr ihm dies hilft wichtige Entscheidungen zu treffen.

Sophia dürfen Sie anschließend bei der erfolgreichen „Reise" in vergangene Lebensabschnitte begleiten, um einen ihrer erstarrten Seelenanteile wieder mit ihrem Seelenkern zu verbinden.

Dabei können Sie miterleben, welche tiefgreifenden Folgen die „Ganzwerdung" für ihren Lebensweg hat und wie viel Sicherheit auch sie gewinnt, indem sie zur neutralen Beobachterin in schwierigen Lebenssituationen wird.

Anschließend erfahren Sie, wie Sie selbst solche Interventionen für Ihr Leben nutzbar machen können.

Sie können einen kleinen Ausflug in die Welt der Physik unternehmen, der Sie mit der Erkenntnis vertraut macht, dass Quanten, die einmal miteinander verschränkt waren, für immer miteinander verbunden bleiben.

In der Begleitung von Sophias Seele auf eine Astralreise können Sie erleben, wie Loslassen eine wichtige Voraussetzung wird, um in neuen Perspektiven anzukommen und Sophia darin eine wahre Meisterleistung vollbringt.

Diese therapeutische Intervention ist für die meisten Menschen ein Weg, um im eigenen Energiefeld aufzuräumen. Sie, liebe Leser erhalten somit ein zweites Werkzeug für eine energetische Müllabfuhr. Sophias

Lebensweg lässt es mir sinnvoll erscheinen, diese Heilungsmöglichkeit anzubieten. Alle Menschen erleben in ihrer Kindheit Schwierigkeiten, dadurch entstehen sogenannte Minitraumata, die gut in Selbstarbeit gelöst werden können. Es bilden sich kleine erstarrte Seelensplitterchen, die wieder aufgetaut werden wollen. Manchmal jedoch sind die Widrigkeiten so stark, dass ein größerer Teil der Kinderseele sich an dieser Stelle zurückzieht. Das fühlt sich so an, als würde ein ganzer emotionaler Bereich in einem Kokon eingeschlossen werden. Dieser gut verschlossene Teil der Kinderseele bleibt mit der belastenden Situation verbunden, auch wenn der Mensch erwachsen wird. In gewisser Weise könnte man davon sprechen, dass er in der Situation steckenbleibt. Ähnliche Begebenheiten, die ebendieser Mensch später erlebt, führen ihn emotional immer wieder zurück in die schwierige Zeit. Diese so genannten Flashbacks treten für den Betreffenden völlig unerwartet auf und sind nie willkommen. Sie irritieren einen Menschen sehr und wie es bei Sophia der Fall war, können sie zumeist nicht mehr klar denken. Es kann zu panikartigem Verhalten kommen oder zu einer inneren Erstarrung, zu Wutausbrüchen und Selbstverletzungen. Ein Mensch wird von seinem Trauma immer wieder wie magisch angezogen. Die Seele möchte sich aus der Erstarrung befreien. Dies geht nur, wenn die Gesamtsituation aus einer reiferen Perspektive betrachtet und damit emotional neu eingeschätzt werden kann. In dem wir die erstarrten Seelenanteile aus der Vergangenheit wieder mit den aktiven Anteilen der Gegenwart verbinden, wird eine Integration möglich. Eine Seelenrückholung bedarf immer eines geschützten Umfeldes. Ich kann einen solchen

Schritt nur wagen, weil ich Sophia schon länger kenne, wir ein vertrauensvolles Verhältnis miteinander haben und sie gelernt hat, in ihrer eigenen Atmung einen Ruhepol zu finden. Mit ihrem Atem konnte sie sich in der Vergangenheit bereits in schwierigen Situationen erfolgreich ankern. Sollten Sie selbst ein größeres Trauma erlitten haben, wählen Sie sich eine professionelle Begleitung durch diesen Prozess, der Sie vertrauen können.

Kindliche Seelenanteile nach Hause bringen

Während es sich Sophia auf der Liege bequem macht, lade ich sie ein, ihre rechte Hand zu dem interessantesten Objekt werden zu lassen, was es im Moment überhaupt gibt. Ich bitte sie, sich bewusst zu machen, was diese rechte Hand bereits alles für sie getan hat. Was sie selbst mit ihrer rechten Hand schon angepackt hat. Wie sehr sie sich auf diese rechte Hand in ihrem Leben schon hat verlassen können.

Dabei wird Sophias Atem wieder ruhiger und länger. Es folgen noch drei lange Atemzüge und mit der nächsten Ausatmung kann sie ihre Augen fest zusammenpressen und beim Lösen dieses festen Zusammenpressen, dann langsam den Arm auf die Liege sinken lassen, um mit dem Sinken des Arms in einen tiefen Zustand der Entspannung zu gleiten.

Ich bitte Sie, um eine Fraktionierung zu ermöglichen, noch einmal die Augen zu öffnen. So kann ich sie fragen, ob sie in einem entspannten Zustand angekommen ist. Da sie dies bejaht, können wir tiefer gehen. Wie wir es schon geübt haben, gleitet Sophia mit ihrem Bewusstsein aus ihrem Körper und betrachtet sich von außen so liebevoll, wie es ihr jetzt gerade möglich ist. In unserem Fall schenkt sie sich selbst Liebe, Geborgenheit und Schutz.

Ich bitte Sie, um ein ideomotorisches Fingersignal der rechten Hand, wenn sie bereit sei, ihr kindliches Selbst zu besuchen. Der Finger hebt sich und wir machen uns auf den Weg. Wie Sie es aus dem Seelencoaching 6 kennen, reisen wir zum „magischen See ihrer Seele" bis zu dem Punkt, an dem Sophia das Strahlen und Bestrahltwerden ihres Herzens erlebt. Dort lassen wir eine Pause entstehen und über ein weiteres Fingersignal zeigt mir Sophia, wann sie bereit ist, ihre Kinderseele zu besuchen. Der Finger hebt sich.

Wir schicken das dunkellose Licht voraus in die angstvollen Umstände ihrer Kindheit. Wir lassen dieses Licht den Raum erfüllen und ebenso die Person ihrer Mutter, bis jede Zelle der mütterlichen Gestalt erstrahlt. Erst dann folgen wir diesem Licht in die damalige Situation, in dem Bewusstsein, dass Sophia jetzt nichts mehr geschehen kann. Sie befindet sich jetzt in vollkommener Sicherheit. Ich lade Sophia ein, sich zu dem kleinen Mädchen hinunter zu beugen und ihre Stirn an die Stirn des Mädchens zu legen, dass sie selbst einmal war. Sie möge sich vorstellen, dass sie sich ganz leicht telepathisch mit dem Kind verständigen kann, das sie selbst einmal war. Und wenn sich in ihr ein tiefes Verstehen ausbreitet, möge sie dem kleinen Mädchen jetzt alles schenken, was es je gebraucht hätte. Wir warten so lange, bis sich auf dem Gesicht der kleinen Sophia ein fröhliches Lächeln zeigt. Der gesamte Raum, die Person der Mutter, all dies strahlt in dem dunkellosen Lichtschein, der keine Schatten kennt. Alle Verbindungen, die der kleinen Sophia nicht gutgetan haben, dürfen sich im heilsamen Licht auflösen. Ich bitte Sophia, die kleine Sophia auf den Arm zu nehmen und auf dem Strahl des Lichts zurück in den magischen See zu tragen. Im See schwimmen die beiden wie Wassernixen umeinander, umarmen sich dann in unendlicher Liebe und die Seelenanteile verschmelzen wieder miteinander. Die Kinderseele ist vollständig mit der Erwachsenenseele verschmolzen. Jetzt darf das magische Wasser des Sees alle Grenzen auflösen, so dass Sophia die Bewegung des Wassers außerhalb von sich und in sich gleichzeitig spüren kann. Zeit und Raum lösen sich in ihrer Bedeutung auf. Mit der nächsten Ausatmung gleitet Sophia hinein in die Lücke zwischen der Ein- und Ausatmung in einen leeren Raum, in dem alle Bilder verschwinden dürfen. Sie ist sehr erschöpft und so verweilen wir weitere zehn Minuten in diesem schöpferischen Leerraum. Ich leite die Hypnose ganz sanft wie im Seelencoaching 6 aus.

Als Sophia die Augen aufschlägt, blickt mir wieder eine erwachsene Frau entgegen.

„Das war schön"sagt sie. „Aber mehr möchte ich heute dazu nicht sagen. Danke. Und ich brauche nächste Woche einen neuen Termin. Ich glaube, wir haben da noch einiges zu tun."

Der eigene Begleiter sein

Als ich René wiedersehe, wirkt er sehr entspannt. Bisher kannte ich ihn nur im exakt gebügelten Oberhemd. Heute erscheint er im T-Shirt und Turnschuhen.

„ Steht ihnen gut", begrüße ich ihn. „Sieht nach Ferien aus."

„Ferien stimmt nicht, relaxt stimmt. – Mein Leben wird tatsächlich immer entspannter. Obwohl ich viel mehr unternehme, schaffe ich meine Arbeit trotzdem. Ich habe irgendwie permanent bessere Laune. Mein bester Kunde meinte neulich schmunzelnd: *Was Frauen so alles bewirken können.* Aber das stimmt auch nicht. Es ist etwas ganz anderes: Mit ein bisschen Glück, werde ich wieder in einer Band spielen."

„Das hört sich gut an. Ist das der Einfluss von Jakob?"

„Nicht ganz, aber irgendwie doch. Mit dem Jakob verstehe ich mich echt gut und wir haben auch schon ein paarmal zusammen geübt. Aber in diesem Loci Loft habe ich meinen alten Lehrer getroffen. Der kam direkt auf mich zu und hat sich riesig gefreut mich wieder zu sehen. Der ist ja selber jetzt längst nicht mehr in der Schule und hat seine eigene Rentnerband. Da will ich natürlich nicht hin, aber er hat gegenüber dem Jakob so von meinen Fähigkeiten geschwärmt, dass der spontan sagte, also das muss ich hören. Und dann habe ich geübt, um mich nicht total zu blamieren, und es ging viel besser, als ich dachte. Zweimal war ich abends beim Bastian, so heißt mein Lehrer mit Vornamen und der hat mir nochmal ordentlich auf die Finger geschaut. Ich bin nur nicht der Kracher, aber ich glaube, mein Potenzial ist ganz passabel."

„Das freut mich sehr für sie. Und wie hat das Johanna aufgenommen?"

„Na ja als ich ihr das mit dem Club erzählte, konnte ich das Fragezeichen in ihrem Gesicht praktisch durch's Telefon hören. Aber später hat sie das verstanden und sie mag es ja total gerne, wenn ich Gitarre für sie spiele."

„Also, waren all ihre Bedenken umsonst?"

„Na ja, nicht so ganz. Ich weiß im Moment echt nicht, wie ich das Alles zusammen hinkriegen soll. Mein Job, das Üben und dann auch noch Johanna. Das Beste ist, ich hab Fabian davon erzählt. Sie wissen schon, der mit dem ich früher in der Band gespielt habe, unser Schlagzeuger. Ich glaube, ich habe ihn infiziert. Jedenfalls, hat er sein Schlagzeug im Keller wieder aufgebaut. Ich hoffe sehr, dass er von Neuem anfängt."

„Können sie sich noch an die letzte Sitzung erinnern?"

„Klar, und es ist gut, dass ich nicht darüber gesprochen habe. Damals wäre mir das total peinlich gewesen. Ich hätte mir echt nicht vorstellen können, mal wieder auf der Bühne zu stehen. Das waren die Bilder, die ich gesehen habe. Jetzt fühlt sich das völlig normal an."

„Aber es fühlt sich nicht völlig normal an, all diese Bereiche, die sie da für sich gefunden haben, jetzt wirklich zu leben?"

„Nein, wie soll das denn gehen, ich denke, ich kann nur einem Menschen gerecht werden. Wenn da so viele liebe Menschen wieder in mein Leben kommen, wird für Johanna vielleicht nicht genug übrig sein. Für Marie war ich ja schon nicht genug, wenn ich nur für sie da war."

Da an diesem Tag nicht ausreichend Zeit für eine große Intervention bleibt, wählen wir das Seelencoaching 5. Ich möchte René zeigen, wie er im Alltag zum eigenen Therapeuten wird. Wie es ihm gelingen kann, gewissermaßen aus einer Situation herauszutreten und sich selbst von außen zu beobachten. Daher verlängere ich die Sequenz des Seelencoachings 5 an der Stelle, in der René sich außerhalb von seinem Körper betrachtet:

- Woran könnte dieser Mensch da denken, den sie da im Sessel sehen?

- Was könnte dieser Mensch da fühlen, den Sie im Sessel sehen?

- Was macht diesen Menschen zufrieden d.h., was gibt ihm Frieden?

Ziemlich entspannt tauchte René aus seinem Seelenkontakt wieder auf.

„In Frieden?", frage ich.

„Also echt jetzt, dass mit dem Fühlen ist am schwierigsten. Dass mit dem Denken ist total einfach. Ich konnte an meine Arbeit denken, an die Band, ans Üben, Johanna und alle meine Freunde. Immer schön der Reihe nach, gut geordnet. Beim Fühlen ist es viel komplizierter. Als ich mich beim Üben so richtig wohl gefühlt habe, kommt eine Pause und es fällt mir plötzlich ein, dass ich vergessen habe Johanna anzurufen. Ich habe sofort ein schlechtes Gewissen. Das fühlt sich doof an. Gott sei Dank musste ich dann nicht mehr fühlen und es kam das mit dem Frieden und das ist wirklich das Wichtigste. Ich weiß jetzt, tief in mir drin, dass ich nur in Frieden sein kann, wenn das alles zusammen in meinem Leben ist."

„Woran haben sie das gemerkt?"

„In der Phase mit dem Frieden, da habe ich mich auf irgendeine Art und Weise mehr mit mir selbst verbunden gefühlt. Das war nicht so, wie sonst: Hier bin ich und da drüben ist die Welt. Sondern das war irgendwie anders. Ich und die Welt gehören jetzt dichter zusammen. Und zusammen sind wir so riesig weit, so dass für alles Platz ist."

„Wir arbeiten inzwischen etwas länger als ein Jahr miteinander. Wie lange haben sie gebraucht, bis sie sich in schwierigen Situationen mit dem Atem verankern und weit werden konnten? Ging das in zwei Wochen? Lohnt es sich nicht für solch eine Fülle, die sich ihnen jetzt darbietet Neues dazu zu lernen, vielleicht noch mal hinzufallen und dann wieder aufzustehen?"

„Okay. Das ist ein Deal. Am Ende der Beziehung mit Marie hatte ich überhaupt keine Freunde mehr. Es ist so schön, diese Lebendigkeit wieder in mir zu fühlen."

„Erinnern Sie sich? Nur einen einzigen Menschen lieben zu können, heißt eigentlich gar keinen Menschen lieben zu können. Wollen sie Johanna besitzen?"

„Nein, natürlich nicht. Wenn sie mit ihren Freundinnen weggeht, dann freue ich mich für sie. Das war bei Marie damals aber nicht so. Wenn sie alleine wegging, dann hatte ich immer Angst, dass ich sie verliere. Ja, sie könnten Recht haben. Das hört sich jetzt furchtbar an, aber vielleicht war Marie am Ende nur noch eine schöne Dekoration in meinem Leben und ich in ihrem. Vielleicht wollte ich mir ihrer sicher sein; vielleicht hat das was mit Habenwollen zu tun. Jedenfalls will ich das nie wieder."

„Dann wünsche ich ihnen viel Erfolg dabei, ihr eigener Therapeut zu werden, sich täglich selbst zu begleiten auf diesem Weg in die Lebendigkeit."

Das können auch Sie. Indem Sie trainieren, sich in allen schwierigen Situationen über den Atem in sich und im Sein zu verankern. Indem Sie es lernen, all den großen und kleinen Flashbacks zu entkommen, indem Sie Ihr Energiefeld aufräumen und mit Ihrer Vergangenheit Frieden schließen. Die lohnende Ergänzung ist das therapeutische Viereck dass

Ihnen praktisch jederzeit eine Cooperation ihrer lebendigen Schöpferkraft im großen Bewusstseinsstrom, im Kontakt mit ihrer Seele ermöglicht. Genauere Hinweise dafür erhalten Sie im letzten Kapitel. Vorab
wollen wir uns anschauen, was die intensive Seelenbegegnung im Leben von Sophia bewirkt hat.

Blinde Wut

Wie verabredet, sehe ich Sophia bald wieder. Sie wirkt noch immer
angespannt, ist aber wieder aufgeräumter.

„Ich habe in letzter Zeit sehr viele ausführliche Gespräche mit meiner
kleinen Tochter. Diana ist wirklich ziemlich erwachsen für ihr Alter. Sie
konnte mir sagen, wie viel Angst es ihr gemacht hat, wenn ich so häufig
abwesend war. Sie hat mir vorgespielt, wie es aussieht, wenn ich auf
dem Sofa sitze und in die Leere starre. Sie sagt, eine Mumie wäre nichts
im Vergleich dazu. Und so, wie sie es spielt, sieht es tatsächlich aus, als
wäre ich lebendig begraben. Als ich sie fragte, ob das vor dem Tod von
Oma auch manchmal so gewesen wäre, sagte sie einfach: Ja. Das hat
mich sehr erschreckt und ich will unbedingt etwas dagegen tun. Ich
konnte meine Mutter selbst nie erreichen, aber ich möchte, dass Diana
mich erreichen kann."

„Das kann ich gut verstehen. Wie geht es ihnen jetzt mit dem Tod
ihrer Mutter?"

„Es geht mir besser, aber nicht gut. Ursprünglich wollte ich nicht darüber reden, aber irgendwie passiert es hier immer, dass ich über etwas
rede, worüber ich eigentlich nie reden wollte."

„Wir müssen nicht über ihre Mutter reden, wenn sie das nicht möchten."

„Irgendwann muss ich mir das wohl anschauen. Und es hat mir gefallen, was sie über sich selbst gesagt haben. Wenn ich als alte Frau im Lehnstuhl sitze, dann möchte ich alles erledigt haben, was ich habe erledigen können und wenn ich es gleich abhake, dann habe ich vielmehr Gewinn von der Bewältigung dieser Belastungen."

„Schön, sind sie immer noch böse auf sich, weil sie nicht genug für ihre Mutter getan haben?"

„Nein, es ist viel schlimmer. Erst war ich wütend auf mich. Jetzt bin ich wütend auf sie. Sie hat mich einfach alleine gelassen. Als ich klein war, hat sie mich alleine gelassen und nun wieder. Das ist doch gemein oder?"

„Ich kann ihre Wut spüren."

„Ich habe diese Wut früher nie gespürt. Als ich klein war, habe ich versucht, meiner Mutter zu helfen. Seit ich mehr Kontakt zu meiner Kinderseele habe, weiß ich erst, wie einsam ich damals war, wie hilflos, wie traurig. Nach außen war ich immer stark. Ich hab meiner Mutter geholfen, wo ich nur konnte. Ich wollte einfach, dass sie glücklich ist. Dann war ich auch glücklich, meinte ich. Wirklich glücklich war sie aber eigentlich nie. Jetzt kann ich erst sehen, wie schlecht es meiner Mutter ging. Dabei hat mir geholfen, dass ich die eigene Trauer annehmen konnte. Jetzt habe ich Frieden mit mir. Ich will auch diese Wut loswerden. Geht das irgendwie?"

„ Können sie sich an die Arbeit erinnern, die wir für ihre Beziehung zu ihrem Vater gemacht haben?"

„Natürlich, aber das geht mit meiner Mutter nicht. Es ist zu viel Wut da. Ich möchte ihr so nicht gegenübertreten."

„Vorab eine Frage: Glauben sie, dass ihre Mutter ihnen alles gegeben hat, was sie hatte? Sind Sie überzeugt, dass ihre Mutter für sie von ganzem Herzen immer nur das Beste wollte?"

„Seit ich selbst in dieser Trauer war, wir können es ruhig eine depressive Phase nennen, weiß ich besser, wie sich das anfühlt. Und deshalb kann ich sagen: *Ja, meine Mutter hat mir immer gegeben, was sie selber hatte.* Und ich glaube auch, dass sie mein Bestes wollte. Manchmal ahnte sie leider nicht, was das Beste für mich gewesen wäre. Und ich wusste es als Kind auch nicht. Ich war nicht so, wie Diana jetzt ist. Ich habe meiner Mutter nicht gespiegelt, was mir nicht gutgetan hat. Ich hab es einfach nur heruntergeschluckt und jetzt ist eine Zeitbombe in meinem Bauch. Wo soll ich damit hin, mit all dieser Wut?"

„Bitte lassen sie uns eine leichte Übung versuchen. Wir beginnen mit Atmen und dann werde ich sie bitten, sich ein Frühstücksmesser vorzustellen. Eins, womit sie normalerweise morgens die Brote für ihre Kinder schmieren. Meinen sie, dass das geht?"

„Ich weiß nicht, wozu das gut sein soll. Aber wenn sie denken, dass das hilft, versuchen wir's."

Visualisierung - ein Weg in die eigene Macht

Wir beginnen, wie Sie es aus dem Seelencoaching 1 kennen. Dann lade ich Sophia ein, vor ihrem geistigen Auge ein Frühstücksmesser entstehen zu lassen. Anfangs schwebt dieses Messer einfach in der Luft. Ich würdige Sophia dafür, dass sie es in ihrer schwierigen Zeit bewerkstelligt hat, jeden Morgen das Frühstück für ihre Kinder zuzubereiten. Ich bitte sie, sich diese Situation noch einmal vorzustellen. Und das Ganze so liebevoll und friedvoll wie möglich zu betrachten. Mit einem ideomotorischen Fingerzeig gibt sie mir zu verstehen, dass sie das Bild erfolgreich vor Augen hat. Ich erinnere sie daran, dass sie eine nährende Mutter sei und dass dies eine ganz bedeutende Eigenschaft für ihre Kinder darstellt. Jetzt bitte ich sie, sich selbst auszuwechseln und ihre eigene Mutter in diese Position einer nährenden Oma zu visualisieren. Ein Fingersignal zeigt mir, dass es vor ihrem geistigen Auge präsent ist. Da ihre eigene Mutter sich ja in der aktiven Rolle befindet, müsse sie selbst jetzt in der Beobachterposition sein. Ein Fingersignal bestätigt die Rollenposition. Ich lade Sie ein, diese Position ganz wertfrei einzunehmen. Das bedeutet: völlig angstfrei, ohne jede Wertung, ohne etwas zu wollen. Und frage sie dann, ob die Szene weiter erhalten bleibt. Fingersignal: Ja.

Es gibt also eine neue Wirklichkeit. Eine neue mögliche Realität, deren Anblick guttut und unabhängig vom Beobachter bestehen bleibt. Eine stabile neue Wirklichkeit, die vollkommen ohne Angst ist.

Sophia möchte noch weitergehen. Sie selbst wechselt sich ein und geht dann an die Stelle ihrer Kinder. Ihre Mutter bestreicht ihr jetzt die Brote und wird so zu einer nährenden Mutter und Oma. Sophia kann diese Situation genießen und anschließend von dort aus gleichzeitig in die Beobachterposition gehen. Völlig angstfrei, ohne jede Wertung und ohne irgendein Wollen betrachtet sie das friedvolle Bild.

Wir verlassen die Szene und als Sophia ihr Gewicht auf dem Sessel wieder spüren kann, fordere ich Sie auf, noch einmal das Frühstücksmesser zu visualisieren und schließlich ganz in die Sitzung zurückzukommen.

„Das war schön. Genauso, hatte ich mir das immer gewünscht. Jetzt habe ich das alles in mir erlebt, ohne es je außerhalb von mir erlebt zu haben. Es fühlt sich aber tief in mir drin so an, als hätte ich es wirklich erfahren."

„Frieden?" frage ich.

„Ich glaube, ich kann meiner Mutter beim nächsten Mal gegenübertreten. Die Wut ist noch da, aber anders. Ich kann jetzt auch die Umstände sehen, die hinter der Wut sind. Meine Mutter hat ja für mich gesorgt, so gut sie es eben konnte. Mein Frühstück musste ich meistens selber machen. Aber Wäsche hat sie gewaschen - das Geschirr häufig leider nicht – also es gibt noch ein paar Dinge, die ich ihr noch sagen muss."

„Das Brotmesser, in seiner Visualisierung, möchte ich ihnen mitgeben, als ein Symbol für ihre eigene Macht. Sie haben die Fähigkeit, auch in den unerträglichsten Situationen dieses nährende Werkzeug in ihrer Vorstellung entstehen zu lassen. Damit sind sie nicht mehr hilflos."

Als Objekt für eine Visualisierung eignet sich im Prinzip jeder Gegenstand, zu dem Sie eine möglichst neutrale Beziehung haben. In einem Kontext, in dem Sie sich hilflos fühlen, reicht es häufig schon aus, sich der Beherrschung des eigenen Atems bewusst zu werden und dies zu praktizieren. Erweist sich das als nicht ausreichend, funktioniert ein

„Brotmesser" effektiver. Besonders als Kinder geraten wir häufig in Situationen, die wir nicht steuern können. So formt in uns ein Konzept von einer Realität, der wir ausgeliefert sind. Es gibt jedoch keine stabile Realität. Die Wirklichkeit in uns entsteht immer durch eine Vorstellung, die in uns wirkt. Nach einem anstrengenden Arbeitstag fühlen Sie sich erschöpft. Sie selbst nehmen sich in einem solchen Moment vermutlich eher schwach wahr. Wenn Sie morgens ausgeschlafen erwachen und tatkräftig auf den neuen Tag schauen, nehmen sie sich vermutlich als stark wahr. Sind Sie also stark und schwach gleichzeitig? Ja, aber eben nicht in jedem Augenblick, der gerade ihre Wirklichkeit gestaltet. Zu dem Zeitpunkt, der der wichtigste in Ihrem Leben ist - jetzt - ist Ihre Wirklichkeit oft sehr verschieden. Wirklichkeit ist das, was wirkt.

Allein in ihrer Vorstellung hat Sophia ihre Mutter als nährende Oma und schließlich als eine Mutter, die sie liebevoll umsorgt, erlebt. Das Erleben dieser Visualisierung hat Sophia hinter ihre Wut schauen lassen. Dadurch ist sie dieser Wut nicht mehr hilflos ausgeliefert. Sie hat eine neue Perspektive gewonnen. Die Beobachterposition, in ihrer Neutralität, hilft uns zu erfahren, dass die visuell erschaffene Wirklichkeit auch bestehen bleibt, wenn wir selbst in der Vorstellung daraus entschwinden. Eine solche Wirklichkeit ist unabhängiger und stabiler und kann daher tiefer wirken. Sophia konnte damit in die Position ihrer eigenen Therapeutin treten. Dies ermöglicht ihr ein hohes Maß an Selbstreflexion. Angebunden an ihren Seelenkontakt und im Bewusstsein ihrer Schöpferkraft ergeben sich für sie neue Lebenswege.

Seelenkontakt auf der Astralebene

Mit Menschen, zu denen wir eine intensive Verbindung haben, sind wir auch in Kontakt, wenn sie physisch nicht anwesend sind. Viele Menschen berichten von dem Phänomen, dass sie gerade an einen Menschen gedacht haben und dieser plötzlich anruft. Wenn Sie dies üben, wissen Sie auch intuitiv, wie es den Menschen geht, die Ihnen wichtig sind. Pubertierende Jugendliche ziehen sich häufig stark von den Eltern zurück. Viele Eltern beklagen sich dann bei mir, dass sie sich Sorgen machen würden, wenn ihre Kinder nicht rechtzeitig zu Hause wären oder immer erst sehr spät anriefen, wenn sie länger unterwegs blieben. Ich bestreite nicht, dass es wichtig ist, sich in einer Beziehung an- und abzumelden. Die Heranwachsenden pflegen jedoch in der Abnabelungsphase diese begründeten Regeln häufig zu brechen, ohne sich dabei Gedanken darüber zu machen, wie es wie ihren Eltern damit geht. Eltern, die Seelenkontakt zu ihren Kindern üben, können daher meist ruhig schlafen, weil sie in der Lage sind zu spüren, dass es ihren Kindern gut geht.

Ich war noch nicht zehn Jahre alt, als mein Opa starb. Für mich war er ein Mann, dessen große Leidenschaft es gewesen war, jeden Tag in einem nahe gelegenen Park spazieren zu gehen. Kurz vor seinem Tod erkrankte er so, dass er nicht mehr laufen konnte. Meine Kinderseele hatte enormes Mitgefühl mit ihm, weil es zu der Zeit auch zu meinen besonderen Leidenschaften gehörte, draußen frei herumzutoben. Als er verstarb, konnte ich überhaupt nicht verstehen, warum meine Eltern und meine Oma so stark trauerten. Ich konnte fühlen, wie gut es meinem Opa jetzt ging. Wie wohl er sich auf der anderen Seite des Seins fühlte. Dort war er wieder frei, so frei, wie ich selbst, wenn ich draußen herumtoben konnte. Ich ging zu meiner Mutter und sagte ihr: „Opa geht es doch jetzt viel besser. Er hat keine Schmerzen mehr und er kann sich wieder bewegen." Meine Mutter schaute mich ziemlich erstaunt an und meinte: „Geh zu Oma und sage ihr das. Dann wird sie sich freuen." So war es auch. Ich blieb für den Rest der Beerdigung neben meiner Oma. Und als wir alle wieder nach Hause gingen, sagte sie zu mir: „Danke, du hast mir gutgetan, Mucki." So hatte mein Opa mich immer genannt.

Sehen wir das Ganze mit den Augen eines Physikers, so bleiben Quanten, die einmal verschränkt waren, immer verschränkt. Abgesehen von den Strings, die sich jeder Messung entziehen, sind die Quanten die kleinsten bisher messbaren Teilchen der Materie. Ihr jeweiliger Aufenthaltsort ist nur ein als Wahrscheinlichkeit zu beschreibender Ort. Da wir alle letztendlich aus Quanten bestehen, können wir sagen, diese kleinsten Teilchen in uns und in allem, was ist, sind sehr frei beweglich und haben eben nur einen wahrscheinlichen Aufenthaltsort. Durch den Beobachter, z.B. in einem Experiment, wird einer von diesen möglichen Aufenthaltsorten zur real messbaren Wirklichkeit.

Der Dipl. Informatiker und Bewusstseinsforscher Marius Schumacher berichtet in einem Youtube aus dem Jahr 2015 von einem Experiment, als dessen Quelle er Dr. Ullrich Warnke angibt. Bestrahlt man ein Gefäß, in dem sich eine Droge befindet, und eine Wasserflasche, die man dahinter aufstellt, mit einem Laser, so verschränken sich die Quanten beider Gefäße miteinander. Dabei spielt es keine Rolle, ob der Laser als erstes durch die Wasserflasche oder zuerst durch das Gefäß mit der Droge strahlt. In jedem Falle werden die Quanten der Moleküle in beiden Gefäßen miteinander verschränkt, d.h. sie sind zeit- und ortsunabhängig miteinander verbunden. Das zeigt sich in diesem Experiment daran, dass das Wasser die Eigenschaften der Droge annimmt. Der Genuss des Wassers verursacht augenblicklich die entsprechenden Sensationen, die nach der Einnahme der Droge auftreten. Auch Prof. Einstein war dieses Phänomen bekannt und er sprach von einer „spukhaften Fernwirkung".

Dass diese Verschränkung orts- und zeitunabhängig ist, zeigt ein weiteres Experiment.

Zwei Wasserflaschen A + B werden wiederum über einen Laser miteinander verschränkt. Die eine Wasserflasche A reist mit einer Versuchsperson in die USA, die andere Flasche B mit einer weiteren Versuchsperson nach Peking. In den USA wird das Wasser in Flasche A mit einem weiteren Gefäß, das eine Droge enthält, über einen Laser verschränkt. Jetzt trinkt die Versuchsperson in Peking aus ihrer Wasserflasche B und hat augenblicklich die Sensationen, die dem Genuss der Droge entsprechen. Weitere Experimente konnten zeigen, dass die Übertragung der Information auf die Quanten mit einer Geschwindigkeit passierte, die größer als Lichtgeschwindigkeit ist.

Wie viel intensiver sind die Quanten von Mutter zu Tochter verschränkt. Wie viel einfacher ist es also, einen Seelenkontakt zwischen Sophia und ihrer Mutter herzustellen. Wichtig ist es mir an dieser Stelle darauf hinzuweisen, dass sich Seelen verweigern können, in eine Begegnung zu gehen. Ich habe davon gelesen. In meiner Praxis gab es so eine

Begebenheit noch nie. Ich erlebe dagegen häufig, wie gerne verstorbene Seelen kommen, um hier für ihre Lieben etwas zu tun, was diese unterstützt. Und immer habe ich bisher erleben dürfen, dass ein Verstehen möglich geworden ist, was undenkbar war, als diese Seelen noch in einem Menschen zu Hause waren.

Da Sophia ja schon einen Seelenkontakt mit ihrem Vater erlebt hatte, wusste sie, wie berührend dies ist. Es ist schön, dass sie bereits hinter ihre Wut schauen konnte, bevor wir in diesen Kontakt gehen. Damit haben wir eine gute Chance, die neue Begegnung so liebevoll wie möglich zu gestalten.

Als Sophia das nächste Mal in die Praxis kommt, hält sie ein buntes Tuch in den Händen. Vorsichtig wickelt sie einen sehr feingeschnitzten, röhrenden Hirsch aus und stellten ihn zwischen uns. Den hat mir meine Mutter mal mitgebracht, als ich noch klein war und sie ihre Schwester im Erzgebirge besucht hat. Ich habe meine Tante leider nie kennen gelernt. Wir haben im Westen gewohnt und das Erzgebirge liegt in der ehemaligen DDR. Da wollte mein Vater nie hin und so blieben wir immer bei ihm zu Hause. Dieser Hirsch ist ein Geschenk meiner Mutter aus ihrer Heimat. Ich hatte früher ein bisschen Angst vor ihm. Aber irgendwie mochte ich ihn auch. Er stand in seiner Vitrine und manchmal bestaunte ich Ihn, wie er da so schreiend stumm in dem Glasschrank stand. Er wirkte stark und schwach gleichzeitig, wie er da so zwischen Teller und Tassen herumstand. Erst jetzt weiß ich auch, warum ich ihn gern hatte. Auch mir war wohl manches Mal zum Schreien und auch ich blieb stumm und wie er in der Glasvitrine. Ich habe ihn heute mitgebracht, weil er mich an meine Mutter erinnert und weil ich heute den

Mut haben möchte, die Dinge zu sagen, die ich bisher noch nie ausgesprochen habe."

„Wunderbar, das zeigt ein sehr hohes Maß an Selbstreflexion. Sie werden mich schon bald nicht mehr brauchen, weil sie bald ihre eigene Therapeutin sein werden."

„Halt stopp, so schnell geht das nicht. Ich habe noch viel vor, und dafür brauche ich sie. Ich will ja eine gute Selbsttherapeutin werden. Ich habe ihnen doch gesagt, dass ich jetzt viel mehr mit Diana rede. Und ich bin beeindruckt davon, wie gut sie sich selbst kennt. Ich glaube, ich habe doch nicht alles falsch gemacht. Diana kann ihre Bedürfnisse besser äußern als ich. Also muss ich noch eine Menge lernen, denn sonst überholt sie mich auf der linken Spur. Neulich habe ich sie gefragt, ob ich etwas für sie tun könnte. Sie hat gefragt, ob sie sich was wünschen dürfe und ich habe gesagt: *Probiere es doch. Ich möchte mit dir den alten Film sehen, von dem du gesagt hast, dass Oma ihn so gern gehabt hat, von Jules Vernes „ Reise zum Mittelpunkt der Erde".* Und dann haben wir uns diesen Film zusammen angeschaut und wir haben beide geweint, als die Ente geschlachtet wurde. Wir haben aneinander gekuschelt auf dem Sofa gesessen und den Film geschaut. *Danke, Mama das war sehr schön,* hat Diana im Anschluss gesagt und ich dachte: *Danke, Diana das war sehr schön.* Ich bekam einen Schreck und schnell sagte ich vorsichtig: *Danke, Diana das war sehr schön.* Ich glaube, so etwas habe ich meiner Tochter noch nie gesagt und das wird wirklich Zeit."

„Wie schön, das hört sich nach einem neuen Weg an. Und meinen Respekt - da haben sie ja nur eine kurze Schrecksekunde gebraucht, um etwas Neues ausprobieren."

„Bereit?" frage ich.

„Roger", antwortet Sophia.

Wie gewohnt begeben wir uns nach einer kleinen Vorbereitung in den „magischen See der Seele". Ich lasse Sophia ausreichend Zeit, um bei ihrer eigenen Seele anzukommen und, da uns heute der Hirsch als ein Objekt zur Verfügung steht, dass Mutter und Tochter verbindet, gebe ich Sophia den Hirsch in die Hand und bitte Sie damit aufzutauchen und ans Ufer des „magischen Sees" zu gehen. Dort möge sie den Hirsch auf den Boden setzen und die Seele ihrer Mutter eingeladen, zu uns zu kommen. Ein ideomotorisches Fingersignal zeigt mir ihre Ankunft.

Ich frage Sophia, ob sie ihrer Mutter sagen möchte, was ihr der Hirsch bedeutet. Auf Seelenebene können sich die beiden telepathisch verständigen und die Seele ihrer Mutter versteht sofort. Auf diese Weise kann ihr Sophia ganz leicht mitteilen, wie sehr sie sie gebraucht hätte. Ihre Mutter zeigt sich sehr verständnisvoll und viel stärker als Sophia sie im Leben je wahrgenommen hat.

Die Seele ihrer Mutter bittet um Entschuldigung dafür, dass sie den Ausweg in die Krankheit gesucht hätte. Jetzt würde es ihr so viel besser gehen. Damals, hätte sie keinen anderen Weg gesehen. Jetzt aber möchte sie Sophia sagen, wie sehr sie sie immer geliebt habe und wie wichtig sie für sie gewesen war. Die Seele ihrer Mutter bedankt sich für all die Unterstützung ihres eigenen Kindes. Manchmal, sagt sie, wären die Rollen vertauscht gewesen. Das täte ihr heute sehr leid. Sie möchte ihr sagen, wie stolz die Ahnen auf der anderen Seite wären, wie tapfer Sophia sich all ihren Schwierigkeiten bisher gestellt habe und was für eine wundervolle Mutter sie geworden sei. Die Seele ihrer Mutter bringt den Segen der Ahnen für Sophia und ihre Familie mit.

Ich frage Sofia, ob es noch irgendetwas gebe, was sie ihrer Mutter gerne sagen möchte. Von ganzer Seele kann Sofia ihrer Mutter für diese Begegnung danken und sie umarmen. Die Seele ihrer Mutter verabschiedet sich und ich bitte Sofia noch einmal mit all den aktuellen Erfahrungen in den „magischen See ihrer Seele" hinab zu tauchen, um mit all den neuen Aspekten zu verschmelzen."

Als Sophia wieder auftaucht, braucht sie etwas Orientierung im Praxisraum, schaut dann den kleinen Hirsch an und sagt verträumt: „Was für ein wunderbares Geschenk habe ich da bekommen."

Auf Seelenebene erfolgt die Verständigung telepathisch. Die meisten Streitigkeiten zwischen Menschen, die einander lieben, entstehen durch Worte, die für beide eine unterschiedliche Bedeutung haben oder durch Taten, die für beide verschieden interpretiert werden. Diese Art von Missverständnissen gibt es auf Seelenebene nicht. Nicht immer kann eine Seele, so wie hier Sophias Mutter, so viel Liebe ausstrahlen, dass nur noch Verzeihen übrig bleibt. Manchmal ist die inkarnierte Seele auch nicht wirklich bereit, das neue Wesen der Mutter auf Seelenebene anzuerkennen, dann kann Verzeihen nur schrittweise stattfinden. Loslassen ist eine wichtige Voraussetzung, um in neuen Perspektiven anzukommen. Sophia hat hier eine Meisterleistung vollbracht. Die Motivationen dafür war das Wohl ihrer eigenen Tochter. Jetzt wird sie jede mögliche Unterstützung ihrer Ahnen bekommen, um für Diana und Jonathan die beste Mutter zu werden, die sie in diesem Leben werden kann.

16. Segeln auf dem Ozean des Bewusstseins

In diesem Kapitel erfahren Sie, wie es René gelingt, immer unabhängiger von einem Therapeuten außerhalb von sich selbst zu werden, und wie er mit wachsendem Erfolg sich selbst in den wogenden Wellen des alltäglichen Lebens treu bleibt.

Sie dürfen miterleben, wie auch er verlorene Seelenanteile aus dem Gefängnis traumatisierender Erlebnisse befreit.

An Sophias weiterem Lebensweg können Sie miterleben, wie sehr engagierte Seelenarbeit das Leben verändert und wie viel Mut es oft kostet, im Einklang mit der Seele zu leben.

Der René, der mir da im Sessel gegenübersitzt, ist kaum mehr zu vergleichen mit dem Mann, den ich vor einem guten Jahr kennen gelernt habe. Mit wachen Augen beobachtet er mich, als er sagt:

„Ich möchte mich für alles bedanken. Ich habe so viel gelernt, dass mein Vater mich schon gefragt hat, wie ich das gemacht hätte. Als ich ihm sagte, dass alles mit der Beobachtung meines Atems angefangen habe, musste er lachen und meinte, *also bei deinem ersten Atemzug war ich glaube ich anwesend, das ist schon ziemlich lange her. Aber jetzt ist irgendetwas passiert mit dir. Das freut mich sehr für dich. Übrigens deine neue Freundin gefällt mir auch sehr.* Wenn ich ehrlich bin, würde ich gerne noch kommen und es wäre schön, wenn ich ab und zu mal wiederkommen könnte, aber im Moment ist das, glaube ich einfach zu viel."

„Ja, das würde gehen, wenn sie sich rechtzeitig melden, kriegen wir das hin. Ich fände es schön, wenn wir uns ungefähr in zwei Monaten wiedersehen könnten. Dann könnten wir feststellen, wie stabil ihr Fundament geworden ist."

„Danke, das finde ich super. Die Band hat nämlich im Juni einen Gig in Augsburg und der andere Gitarrist ist in der Zeit im Urlaub. Deshalb soll ich dann schon mit und das würde ich natürlich sehr gerne tun. Aber ich will mich auch nicht blamieren und arbeiten und Johanna sehen, möchte ich natürlich auch. Jakob hat gesagt, dass ihr letzter Auftritt in Augsburg so gut gewesen wäre, dass der ganze Laden so voll war, dass immer nur jemand hineinkommen konnte, wenn ein anderer hinausgegangen wäre. Also das wäre schon ein klasse Start. Was kann ich tun, damit ich nicht wieder in den alten Trott verfalle, wenn ich nicht mehr herkomme?"

„Wann spüren sie sich selbst am besten?"

„Wenn ich Gitarre spiele, bin ich total bei mir. Da bin ich auch irgendwie wer ganz anderes. Ich fühle mich weit und mit der ganzen Welt verbunden. Manchmal passiert mir das auch mit Johanna, dass wir so miteinander verschmelzen können. Aber das macht mir dann immer tierisch Angst. Wenn ich das merke, kühle ich meistens ziemlich schnell wieder ab. Das finde ich auch schrecklich."

„Sie haben dann Angst verloren zu gehen in dieser Verschmelzung?"

„Das ist doch irgendwie doof oder? Ich mag Johanna sehr. Wieso habe ich dann Angst vor ihr?"

„Ich glaube, dass sie nicht wirklich Angst vor ihr haben. Sie haben vielmehr Angst vor sich selbst. Vor den Konsequenzen, die diese Hingabe an einen anderen Menschen haben könnte. Als sie noch fast ein Kind waren, wurde ihr Familienleben zerstört und sie wussten nicht warum. Ihre Beziehung mit Marie zerbrach und sie wussten nicht warum. Jetzt wissen sie vielmehr und sie agieren mit Johanna ja auch schon viel besser. Sie können aktuell schon deutlich mehr bei sich bleiben, auch wenn Johanna da ist und irgendwann auch, wenn sie mit ihr verschmelzen. Nur ihre neue Fähigkeit, immer wieder in eine Bewusstheit zu kommen, in der sie sich in ihrer eigenen Schöpferkraft erfahren, kann auf lange Sicht helfen, diese Angst zu überwinden. Dann wissen sie nicht nur, dass sie ein vollständiges, autonomes Selbst haben, dann können sie es auch jederzeit in sich fühlen. Sie werden spüren, dass der Wechsel zwischen Verschmelzung mit dem großen Ganzen, oder mit Johanna, so ist wie einatmen und ausatmen und der wundervolle Moment dazwischen, weit und ohne jeden Impuls. Aus jeder Verschmelzung werden sie irgendwann auch wieder herausgeworfen. Sozusagen in ihr eigenes Selbst zurückgeworfen. "

„Ich habe diese Atemübungen vor dem Gitarrespielen eingebaut. Bevor ich Johanna sehe, mache ich oft die Sache mit dem Arm. Was ich wenig mache, ist diese energetische Müllabfuhr. Ich glaube, ich hab noch zu viel Schrott in mir. Der wirkt, auch wenn ich es nicht will."

„Ja, das ist eine weise Überlegung. Wichtig ist außerdem, dass sie beim Seelencoaching auch immer mal wieder in die Beobachterposition gehen. Von außen zu sehen, wie sie auf dem Bewusstseinsstrom surfen und wie dieses Surfen stabil bleibt, auch wenn sie es von außen betrachten, gibt ihnen Sicherheit. Diese Beobachterposition ist ihr selbständiger Therapeutenblick. Es ist ihre eigene möglichst neutrale Betrachtung dessen, was gerade geschieht. Wichtig ist immer ihre eigene Realität. Sie haben zwei Begebenheiten erfahren, die auch ihre Eltern erlebt haben.

Aber es war immer ihr eigenes Sein. Ihr eigenes Bewusstsein ist es, das eine Wirklichkeit daraus macht, die in ihnen wirkt. In der Beobachterposition sehen sie leichter, in welche Hand sie, bildlich gesprochen, den Hammer nehmen müssen, um das Schwert zu schmieden, mit dem sie im Kampf bestehen möchten."

„Mit Johanna habe ich auch einmal darüber gesprochen, dass ich immer wieder diese Fluchtimpulse habe. Sie ist ziemlich gut. Irgendwie müssen sich meine Augen verändern. Wir haben verabredet, dass sie dann sagt: *Ich möchte, dass du bleibst. Du bist gewollt.* Das hilft ungemein. Ich habe ihr gefühlt hundertmal gesagt, sie soll das natürlich nur sagen, wenn Sie das auch so meint. *Ist schon klar, würde ich sonst auch nicht so machen.* War ihre einfache Antwort. Für sie ist das total easy."

„Nach meiner Erfahrung muss es auch etwas geben, was für sie schwer ist."

„Stimmt. Sie findet es ganz toll, dass ich wieder Musik mache. Aber sie hat Angst, dass ich bei diesen Auftritten jemanden kennen lernen könnte, die mir besser gefällt als sie. Das hat nämlich sie schon erlebt."

„Sie hat also Angst, sie zu verlieren?"

„Ich habe ihr gesagt, dass ich mir die anderen Frauen gar nicht wirklich anschaue. In mir ist gar kein Platz für eine andere Frau. Ich freue mich, wenn anderen meine Musik gefällt, aber ansonsten gefällt mir Johanna. Ich sage ihr auch ganz oft, wie schön ich sie finde. Sie ist eine sehr attraktive Frau."

„Hmm, und wann sprechen sie über Gefühle?"

„Oh, je, nicht das wieder. Wenn es geht möglichst nie. Meine Gefühle verändern sich einfach dauernd und ich möchte nichts sagen, was ich im Nachhinein nicht halten kann. Ich habe damals gedacht, meine Eltern wären ein tolles Paar und dann war plötzlich alles vorbei. Johanna ist das Beste, was mir bisher passiert ist. Ich sage ihr jedes Mal, dass ich Zeit bräuchte, um in mir Klarheit zu schaffen."

„Zeit alleine wird nicht reichen. Lassen sie uns diese letzte Stunde dafür benutzen, in den magischen See ihre Seele zu gehen und den eingeschlossenen Teil ihrer jugendlichen Seele zurückholen. Deal?"

„Deal!"

Der Schlüssel

Nach dem gleichen Prinzip, wie wir den eingeschlossenen Teil der Kinderseele von Sophia zurückgeholt haben, verfahren wir hier mit dem jugendlichen Seelenanteil von René.

Nach der Seelenbegegnung im Seelencoaching 6 schicken wir das heilsame Licht voraus in die Wohnung, in der der letzte Streit der Eltern stattgefunden hat. Das lichtlose Licht erfüllt den Raum und die Menschen: einen jeden bis in die kleinste Zelle. Die vier anwesenden Personen: Vater, Mutter, Schwester und René stahlen in sanftem Licht. Der erwachsene René legt seine Stirn an die des jugendlichen Renés und sie verständigen sich telepathisch. Wie rebellische Jugendliche nun einmal sind, löst sich der jugendliche René aus der Berührung, ergreift den Wohnungsschlüssel und schließt von innen ab. *So, jetzt müsst ihr euch so lange streiten, bis ihr euch wieder vertragt.* Mit dieser revolutionären Tat scheint die gesamte Seele von René sehr zufrieden. Der erwachsene

René klopft dem Jugendlichen anerkennend auf die Schultern und gemeinsam bewegen sie sich auf dem Lichtstrahl zurück in den magischen See der Seele. Dort umkreisen die beiden Seelenanteile einander wie zwei spielende Delphine und verschmelzen schließlich miteinander.

Als René sein Gewicht wieder auf dem Sessel in der Praxis spürt, bitte ich ihn noch einmal, seinen Schlüssel zu visualisieren. Und im Geiste in seiner Hand hin und her zu bewegen, verschwinden und wieder auftauchen zu lassen. Verhalten grinsend öffnete René wieder die Augen.

„Das musste jetzt echt mal sein. Diese Hilflosigkeit von damals kann ich nicht mehr ertragen. Mir ist das plötzlich eingefallen, mit dem Schlüssel und dann habe ich es einfach gemacht."

„Alles gut. Sie haben ihre jugendlichen Gefühle wahrgenommen, diese Gefühle in ein Bedürfnis verwandelt und dieses Bedürfnis in eine Tat. Ich finde das ganz wunderbar und wie fühlt sich das jetzt an?"

„Ich bin irritiert, ich weiß ja, dass es so nicht gewesen ist. Man könnte also sagen, es wäre eine schöne Lüge. Aber so fühlte es sich nicht an. Ich fühle mich einfach nicht mehr so hilflos und es wäre ja schließlich machbar gewesen, dass mir das damals eingefallen wäre. Den Schlüssel behalte ich in der virtuellen Hosentasche. Der wird mich daran erinnern, dass es immer noch eine Möglichkeit gibt."

Ich gratuliere René zur Rückholung seiner jugendlichen Seele, empfehle ihm den Schlüssel ab und zu im Geiste entstehen zu lassen, ihn einfach in der Hand zu halten und vielleicht auch zu bewegen. Mit einem leichten Gefühl in meiner Seele entlasse ich René in sein Leben.

Das Sabbatical

Ab und zu gerät Sophia, besonders wenn sie allein ist, in einen Sog von Traurigkeit. Die Angst jedoch, die ihr das früher gemacht hat, ist viel geringer geworden. Sie praktiziert fast täglich eins ihrer Seelencoachings. Besonderen Gefallen hat sie am „Durchleuchten" ihrer Kinderseele nach dem Besuch des magischen Seelensees gefunden. *Ich sammle all die Seelensplitter wieder ein, wie ich damals Junikäfer gesammelt habe. Das kitzelt zwar nicht so angenehm auf der Haut, aber die Leichtigkeit in mir wächst ungemein, so wie ich es mir gewünscht habe.* Das virtuelle Brotmesser ist auch sehr oft im Einsatz. Sophia streicht sich nun häufig selbst ein Brot. *Es tut auch mir einfach gut. Inzwischen genieße ich es richtig, für meine eigenen Kinder das Frühstück zuzubereiten. Es ist wundervoll, dass ich gerade so viel Zeit für mich und meine Familie habe. Auch mein Mann rutscht wieder näher. Abends gehen wir ab und zu spazieren. Kurz vor dem zu Bett bringen, lassen wir die Kinder dann einen Moment allein und ich glaube, sie mögen das auch. Es entsteht dadurch so eine geheime Zeit zwischen den Geschwistern. Bis jetzt jedenfalls, machen sie keinen Unsinn und wir bleiben ja auch nicht lange weg.* Sophia kann inzwischen ihre eigenen Bedürfnisse immer besser wahrnehmen. Ihre ehrenamtliche Arbeit bei der Kirchenzeitung hat ihr eine Empfehlung bei einer regionalen Zeitung eingebracht.

„Sie werden es kaum glauben, aber ich habe einen neuen Job, ohne mich wirklich beworben zu haben. Wenn alles gut geht, unterschreibe ich den Vertrag nächste Woche. Es ist eine neue Zeitung, die gerade entsteht. Sie freuen sich über meine professionelle Erfahrung und ich habe einen genialen Vertrag ausgehandelt. Im Grunde fange ich mit einem Sabbatical an. Ich habe erstmal die Verwaltung der Anzeigenannahme übernommen. Das ist nur ein umfangreicher, fester Termin im Monat. Den Rest erledige ich am Telefon. Für die Artikel bin ich auf Honorarbasis engagiert und ich kann so viel dazu nehmen, wie ich eben möchte. Im Augenblick erscheint die Zeitung einmal im Monat und wenn alles gut geht, bald 14tägig und dann wöchentlich. Wir werden also zusammen größer."

„Herzlichen Glückwunsch. Die Verlängerung ihrer Auszeit wird ihnen bestimmt helfen, den Einsatz ihrer Waffen zu üben, die sie sich im Verlauf unserer Zusammenarbeit geschmiedet haben. Es hört sich so an, als hätten sie diesen neuen Vertrag in gutem Kontakt mit sich selbst ausgehandelt."

„Ich war auch ganz stolz auf mich. Früher hätte ich gleich einen großen Vertragsabschluss gemacht. Aber das Geld reicht im Moment und ich mache jetzt viel mehr mit den Kindern. Und manchmal betrachte ich mich dabei, wie wir es geübt haben, von außen. In meiner Kindheit hatte ich immer das Gefühl, eine Belastung für meine Eltern zu sein. Diana und Jonathan hingegen, sind eine Freude für mich und ich bin sehr gern mit ihnen zusammen. Natürlich ist das auch anstrengend, aber so von außerhalb betrachtet sahen wir alle drei glücklich aus."

„Wunderbar, sie werden ihre eigene Begleitung durchs Leben, ihre eigene Therapeutin."

„Ich habe das Gefühl, sie wollen mich loswerden", meint Sophia schmunzelnd. „Aber so schnell geht das nicht. Ich habe eine neue Baustelle. Ich bin im Moment so gerne mit den Kindern zusammen, dass unser abendliches Kuschelritual immer länger wird. Mein Mann fragte neulich mit gereiztem Unterton, ob da überhaupt noch Platz für ihn sei. Ich muss zugeben, seit dem Tod meiner Mutter habe ich wenig Lust auf Sex. Die neue Mutterrolle füllt mich einfach voll aus."

„Hat sie denn früher ihre Erotik begeistert?"

„Also, wenn ich ehrlich bin eher nein. Wenn ich tief in mich hinein fühle, war es leider häufig eine Art von Pflichtübung. Die Nähe danach habe ich jedoch immer sehr genossen. Da ist ganz viel Geborgenheit und Weite. Diese Geborgenheit lebe ich jetzt ja so schon mit meinen Kindern."

„Könnte es sein, dass ihre Kinderseele in den Armen ihres Mannes die Geborgenheit nachgeholt hat, die ihnen als Kind gefehlt hat?"

Sophia schaut mich lange an und ich kann förmlich sehen, wie ihr Inneres nach einer Antwort absucht. „So habe ich das noch nie gesehen - das könnte sein. Erotische Anziehung war bei all meinen Partnern, auch bereits in der Jugendzeit, nur von kurzer Dauer. Geborgenheit war immer viel wichtiger für mich. Ich fürchte allerdings, mein Mann sieht es nicht so."

„Könnten sie sich vorstellen, mal wieder nur mit ihrem Mann zu verreisen und diese Seite in sich neu zu entdecken?"

„Nein, um Gottes Willen, ich werde doch jetzt meine Kinder nicht alleine lassen, wo wir gerade anfangen, uns neu zu begegnen. Nein, das geht nicht."

„Sie haben gesagt, dass sie die verlorenen Splitter ihrer Kinderseele wie Junikäfer eingesammelt haben. Wie sieht es mit der jugendlichen Seele aus?"

„Darum habe ich mich bisher nicht gekümmert. Als Jugendliche war ich häufig unterwegs. Ich war mit meinen Freunden zusammen und so viel wie möglich nicht zu Hause. Meiner Mutter ging es in dieser Zeit nicht so besonders. Sie hat zwar ihren Haushalt alleine bewältigen können, aber sie war sehr unzufrieden mit ihrem Leben und hat viel über meinen Vater geschimpft. Er konnte es ihr einfach nicht recht machen. Ich wollte mir das nicht anhören und diese Seite meiner Mutter mochte ich auch überhaupt nicht. Schließlich habe ich meinen Vater geliebt. Ich habe das auch mal gesagt. *Der Mann, den du hier so schlecht machst, ist mein Vater. Ich möchte nicht, dass du so über ihn sprichst*, habe ich zu ihr gesagt. Mein Vater hat sich nie gewährt, hat sich einfach nur zurückgezogen. Also habe ich mich in die Welt zurückgezogen."

„Lust auf den magischen See ihrer Seele in meiner Begleitung?"

„Lust, nein, aber wir machen das trotzdem. Es fühlt sich so an, als gäbe es da etwas zurückzuholen."

Wir „atmen" uns also auf den Weg, den Teil von Sophias Seele, der vermutlich gut eingepackt und geschützt in ihr ruht, vertrauensvoll auszupacken.

Wir praktizieren das Seelencoaching 6 bis zur Begegnung mit dem lichtlosen Licht. Danach folgen wir dem Licht in die Situation, in der Sofia ihrer Mutter erklärt hatte, dass sie nicht so über ihren Vater sprechen solle. Alles erstrahlt in einem sanften Glanz. Auch Sophias Mutter ist bis in jede Zelle durchleuchtet. Wieder spricht Sophias jugendliches Selbst den Satz: *Ich liebe meinen Vater und ich möchte nicht, dass du so von ihm sprichst. - Überlege dir gut, wen du einmal lieben wirst. Dein Vater ist weiter nichts als ein geiler Bock.* - Die jugendliche Sophia schaut Ihre Mutter aus weit aufgerissenen Augen an. Dann holt sie aus und gibt ihre Mutter eine kräftige Ohrfeige. Die eben noch wütende Mutter richtet sich entsetzt auf und fällt dann in sich zusammen und weint. Jetzt kann Sophia ihre Mutter in den Arm nehmen. *Du musst ihn doch auch einmal geliebt haben. Sonst gäbe es mich ja gar nicht.* Ihre Mutter weint. *Nicht so, wie es hätte sein sollen. Ich glaube, nach dem Chaos meiner Kindheit habe ich am meisten die Zuverlässigkeit deines Vaters geliebt. Wir sind einfach zu verschieden.* Die jugendliche Sophia hält ihre Mutter im Arm. Das heilsame Licht erfüllt den Raum und wirkt mit seiner liebevollen und unendlich weisen Energie. Schließlich handelt es sich hier um eine Art Seelenkonferenz. Sophias Schutz hilft der Seele ihrer Mutter weiterzugehen. *Ich konnte meinen eigenen Vater nie wirklich erreichen. Ich freue mich, wie du deinen Vater lieben kannst. Das hätte ich auch sehr gerne.* Noch immer weint die Mutter. *Es ist schade für dich, dass du deinen Vater nicht so lieb haben konntest wie ich meinen. - Es tut mir leid, was ich über deinen Vater eben gesagt habe. Mein Herz war verschlossen. Dein Vater hat mich immer geliebt. Ich glaube, du kannst genauso lieben wie er. Ich muss das noch lernen.* Die jugendliche Sophia legte ihre Stirn an die Stirn der Mutter und sie verständigen sich telepathisch. Ein tiefer Frieden breitet sich im Raum aus. Die jugendliche Sophia löst sich aus der Umarmung und jetzt legt sie ihre Stirn an die der erwachsenen Sophia. Lange verweilen Sie so und als sie sich voneinander lösen, strahlen beide. Auch die Mutter lächelt.

Auf dem Strahl des lichtlosen Lichts kehren wir zurück in den „magischen See der Seele" und schon auf dem Weg dorthin verschmelzen die jugendliche und erwachsene Seele zu einer Einheit.

Als Sophia mir wieder mit geöffneten Augen gegenübersitzt, sieht sie sehr nachdenklich und tief berührt aus. „Danke, ganz ehrlich, danke".

Sophia wird Zeit brauchen, um das, was sie jetzt fühlt, vertrauensvoll in ihr Leben fließen zu lassen. Sehr lange hatte sie einer Täuschung geglaubt und nicht ihrem eigenen Bewusstsein vertraut. Doch dieses einmal gefundene Bewusstsein wird sie nie wieder loslassen. Häufig ist ein Seelencoaching leicht wie eine Feder und nährend wie Balsam für die Seele. Hier war es emotionale Schwerstarbeit zur Erweiterung des Bewusstseinsfeldes. Es ist Sophias Weg und kann auch Ihr Weg sein in die Ganzheit und die Fülle Ihres Lebens in Verbindung mit der eigenen Essenz.

Dafür lohnt sich jeder Einsatz, finde ich.

17. Stationen des KRELETH®-Weges in den Seelenraum

In diesem Kapitel fasse ich zusammen, wie Sie der KRELETH®-Weg in zehn Schritten zu Ihrer Seelenbegegnung führt:

Station eins: Bewusst Atmen: Pranayama. Sie sind von Anfang an völlig in Ordnung, so wie Sie jetzt gerade sind. Sie wechseln nur den Focus (Seelencoaching 1).

Station zwei: Hier wartet die Erfahrung, dass Sie selbst ebenso beseelt sind, wie die Welt um Sie herum, die mit Ihnen verbunden ist (Seelencoaching 2).

Station drei: Sie erleben, dass Sie mehr sind als Ihr physischer Körper, verbunden mit der Fähigkeit den eigenen Energiezustand zu erhöhen (Seelencoaching 3).

Station vier: Sie erfahren sich und Ihre Seele in der kreativen Gestaltung des träumenden Leerraums in der Nacht.

Station fünf: Sie erfahren, wie emotionale Belastungen zu energetischem Müll werden – Wie Sie Ihr Atemtraining aus Seelencoaching 3 durch Chakrenreinigungen ergänzen.

Station sechs: Sie finden Zugang zum „Dritten Bewusstsein" – in Hypnose und später in Selbsthypnose (Seelencoaching 4). Das Seelencoaching 5 hilft Ihnen einen Seelenkontakt länger stabil zu halten.

Station sieben: Sie integrieren den schöpferischen Leerraum in die Trance und erleben einen reproduzierbaren Ort für Seelenbegegnungen (Seelencoaching 6).

Station acht: Sie praktizieren Seelenrückholungen, indem Sie das Seelencoaching 6 erweitern.

Station neun: Ihre Selbstreflexion ist inzwischen so groß, dass Sie im Feld der Trance zu Ihrem eigenen Beobachter werden können. (Jedes Seelencoaching ist in seiner Erweiterung dafür geeignet).

Station zehn: Sie treten mit den Seelen Verstorbener in Kontakt, identifizieren und erlösen eingeschlossene Seelenanteile oder klären im Leerraum der Seelenbegegnung alle offenen Fragen Ihres Lebens. - Sie hören Ihre Seele!

Wenn Sie sich auf den **KRELETH**®-Weg begeben, werden Sie sich zu Anfang bewusst darüber, dass Sie selbst eine Schöpfung und gleichzeitig ein Schöpfer sind. Das ist das **KRE** für die Kreativität. Dabei spielt es erst einmal keine Rolle, ob Sie davon überzeugt sind, Sie seien ausschließlich das Kind Ihrer Eltern oder ob Sie sich auf eine erweiterte Bewusstseinsebene begeben wollen und Ihre Herkunft aus dem Urgrund allen Seins - also der Seelenebene annehmen wollen.

Das **LE** steht für Lebendigkeit. In der Begegnung mit Ihrer Seele erleben Sie in sich ein Gefühl der Ganzheit und Weite. Dieses Gefühl von der Einheit mit der Welt, lässt eine freudvolle Form von Lebendigkeit in Ihnen entstehen. Sie fühlen sich beseelt. Und das Beste ist, Sie können diesen Zustand mit ein wenig Übung jederzeit selbst wieder herstellen.

TH steht für Therapeut. Ein guter Therapeut will nichts, ist vollkommen furchtlos und wertet nichts. Auf diese Weise werden Sie zum angstfreien Beobachter Ihres eigenen Lebens. Das hohe Maß an Selbstreflexion, das dadurch entsteht, ermöglicht es leichter, alte Muster zu überwinden, „unseelige" Identifikationen loszulassen und einen „seeligen" Weg einzuschlagen. Kurz – Die Stimme Ihrer Seele wieder zu hören und Ihr Leben als eine Cokreation mit ihr zu gestalten.

Die einzelnen Kapitel in diesem Buch sind hervorragende Wegweiser dafür.

Station **eins:** der bewusste Atem: Pranayama. Sie sind also von Anfang an völlig in Ordnung, so wie Sie jetzt gerade sind. Sie wechseln nur den Focus. Ihre Atmung wird zu dem spannendsten Objekt Ihrer Betrachtung und für eine gewisse Zeit zur Grundlage Ihrer Selbstwahrnehmung, Ihrer Selbststeuerung, Ihres Selbstvertrauens, der Erfahrung Ihrer Schöpferkraft. Atmen für die Seele und Seelenpausen in den Alltag einzubauen, wird eine nähernde Quelle auf Ihrem Weg zur Wahrnehmung Ihrer eigenen Essenz. Im bewussten Atemprozess finden Sie den ersten Ort für eine mögliche Seelenbegegnung. Im erweiterten Leerraum zwischen der bewussten Ein- und Ausatmung liegt ein ungeahntes Potential, dass Sie mit dem Seelencoaching 1 trainieren.

Station **zwei**: Sie gelangen zu der möglichen Erkenntnis, dass nicht nur Sie selbst, sondern auch die Welt um Sie herum beseelt und mit Ihnen verbunden ist. Das Seelencoaching 2 kann damit zu einer Brücke werden, zur universellen Intelligenz, zum großen Bewusstsein, das Sie umgibt.

Station **drei**: Sie erfahren, dass Sie mehr sind als Ihr physischer Körper, dass es in Ihnen Energieaufnahmeorgane (Chakren) gibt und eine feinstoffliche Energiehülle (Aura), die Ihren Körper schützt, stabilisiert und mit Informationen versorgt. Im Seelencoaching 3 atmen Sie bewusst über Ihren physischen Körper hinaus und versorgen auf diese Weise Körper und Seele mit Prana, einer feinstofflichen Bewusstseinsenergie.

Station **vier**: Sie werden sich bewusst, dass Sie in der Vergangenheit zwar gründlich Ihr Wohnzimmer gesaugt haben, aber eine gehörige Portion emotionalen Ballast mit sich herum tragen. Sie praktizieren eine emotionale und energetische Müllabfuhr, indem Sie im Seelencoaching 3 Ihre Atemübungen durch eine Chakrenreinigung ergänzen.

Station **fünf**: Sie tauchen tiefer in die Polarität Ihres Lebens ein. Sie erkennen die Parallelen zwischen dem Atemprozess und dem Tag-Nacht-Rhythmus Ihres Körpers. Das Traumerleben gewinnt eine seelenverbindende, schöpferische Seite. Sie erfahren sich und Ihre Seele in der kreativen Gestaltung des Leerraums in der Nacht. Mit dieser bereichernden Erfahrung der Kreativität des Leerraums gehen Sie in

Station sechs: Sie erleben den so genannten „Dritten Bewusstseinszustand" in Körpertrancen und Bewusstseinstrancen. Sie erforschen diesen Bewusstseinszustand erst unter Anleitung als Hypnose und später in eigener Regie als Selbsthypnose (Seelencoaching 4). Das Seelencoaching 5 hilft Ihnen einen möglichen Seelenkontakt länger stabil zu halten.

Station sieben: Hier integrieren Sie den schöpferischen Leerraum, den Sie bereits aus dem Atemprozess und der Seelencoachings kennen und herstellen können in die Trance. Damit stellen Sie einen intensiven, reproduzierbaren Ort für Seelenbegegnungen her. Das Seelencoaching 6 bietet Raum für angeleitete und selbst induzierte Seelenbegegnungen.

Station acht: Mit ein wenig Übung gelingt es Ihnen eingeschlossene Seelenanteile aus Ihrer Kindheit, Jugend oder anderen Zeiten aus ihrem Gefängnis herauszuholen und mit den zugänglichen Seelenanteilen wieder zu verschmelzen. Sie praktizieren in der Erweiterung des Seelencoachings 6 eigene Seelenrückholungen.

Station neun: Das Maß Ihrer Selbstreflexion ist inzwischen so groß, dass Sie im Feld der Bewusstseinstrance zu Ihrem eigenen Beobachter werden können. Ab Station 2 ist dafür jedes Seelencoaching in einer erweiterten Form geeignet. Diese Betrachtung aus einer höheren Perspektive ermöglicht neben dem Kontakt zum universellen Bewusstsein eine Neutralität, die Sie zu einem hervorragenden Begleiter Ihres eigenen Lebens macht. Sie werden Ihr eigener Therapeut und bewegen sich mühelos auf dem sich permanent erweiternden Bewusstseinsstrom.

Station zehn: Mit dem geübten Wechsel in die Beobachterperspektive fällt es Ihnen leicht, in Ihrem eigenen Energiefeld aufzuräumen und mit heilsamen Energien zu versorgen. Dafür können Sie jetzt mit den Seelen Verstorbener in Kontakt treten, eingeschlossene Seelenanteile identifizieren und erlösen. Im Leerraum der Seelenbegegnung können Sie alle offenen Fragen Ihres Lebens klären.

Jetzt wird es für Sie völlig selbstverständlich, Ihr eigenes Leben als eine Cokreation mit Ihrer Seele zu betrachten. Die Kommunikation mit Ihrer Seele ist Ihnen jetzt genauso wichtig wie ein Telefonat mit einem geliebten Menschen.

Lassen Sie sich von eventuellen Rückfällen nicht entmutigen. Eine neue Verhaltensweise im Leben zu etablieren erfordert Selbstliebe, Mut und Entschlossenheit. Doch jeder neue Bewusstseinszustand, den Sie erweiternd in Ihr Sein integrieren, geht nie wieder verloren.

Es ist wie Radfahren. Wenn man es einmal gelernt hat, vergisst man es nie wieder. Natürlich passiert es anfangs, dass Sie auf die Nase fallen, umkippen oder die Lust verlieren auf zwei Rädern durch die Gegend zu fahren, wo man doch genauso gut laufen könnte.

Aber – wer Radfahren kann, lernt meist auch Autofahren ...

Wer die Botschaften und liebevollen Unterstützungen des universellen Bewusstseins und der eigenen Seele einmal erfahren und liebevoll ins eigene Leben integriert hat,

- geht liebevoll und achtsam mir sich
- und anderen Menschen um,
- sieht in den Schwierigkeiten des Lebens Herausforderungen, die ihn weiter bringen,
- öffnet sich liebevoll für die eigenen Gefühle, die ihn zu seinen Be dürfnissen führen,

- akzeptiert sich so, wie er jetzt gerade ist,
- findet Lösungen, um seine wahren Ziele und Wünsche im Ein klang mit seinen Lieben sowie der Welt zu erreichen und zu er füllen.

Ich wünsche Ihnen viel Freude beim Leben im Einklang mit Ihrer Seele.

Herzlich Ihre

Astrid Reinke

Astrid Reinke wurde1958 in Berlin geboren. Sie studierte an der Pädagogischen Hochschule Berlin (Deutsch, Kunst, Entwicklungssychologie) und kehrte 1989 nach der Geburt ihrer 2 Söhne in den Schuldienst zurück.
Es folgte ein berufsbegleitendes Studium an der UDK Berlin (Bildende Kunst) und die Mitarbeit in Anthologien und Zeitschriften (GaukeVerlag). Der Ausstieg aus dem Schuldienst im Jahr 2000 erschloss ihr die freie Lehrtätigkeit mit Einzel- und Gemeinschaftsausstellungen.
Nach der Zulassung beim Gesundheitsamt als Heilpraktikerin für Psychotherapie eröffnete sie in Jahr 2004 eine eigene Praxis.
Sie absolvierte die International School of Healing and Development. und lernte bei verschiedenen spirituellen Lehrern und Lehrerinnen,
Seit 2011 leitet sie KRELETH® das Institut für Kreatives Leben und Therapie. Dort arbeitet sie als med.Hypnosetherapeutin und Coach, mit Quantenentrainment, Gesprächstherapie, Therapeutischen Aufstellungen, Rückführungen, Intupaint und dem KRELETH®-Weg.

Liebe Leserinnen

und Leser ich freue mich über Ihre Fragen,

Rückmeldungen und Anregungen.

www.kreatives-leben-therapie.de

Abbildungen:

Seite 35

Dieses Werk ist gemeinfrei, weil seine urheberrechtliche Schutzfrist abgelaufen ist. Dies gilt für das Herkunftsland des Werks und alle weiteren Staaten mit einer gesetzlichen Schutzfrist von 100 oder weniger Jahren nach dem Tod des Urhebers. Parallel zu dieser Lizenz muss auch ein Lizenzbaustein für die United States public domain gesetzt werden, um anzuzeigen, dass dieses Werk auch in den Vereinigten Staaten gemeinfrei ist.

Es wurde festgestellt, dass diese Datei frei von bekannten Beschränkungen durch das Urheberrecht ist, alle verbundenen und verwandten Rechte eingeschlossen.

https://upload.wikimedia.org/wikipedia/commons/e/e3/Sbs-0008_028r_Jesus_macht_die_Tonvögelchen_lebendig.TIF

Aus dem Kindheitsevangelium nach Thomas, Apokryphensammlung Das Kindheitsevangelium nach Thomas gibt vor, „eine Reihe von Episoden aus der Jugend Jesu zu berichten". Es ist eine apokryphe Schrift, die sich in fast allen Apokryphensammlungen findet. Sie entstand vermutlich Ende des 2. Jahrhunderts. Ihr Autor ist nicht identifizierbar, wird aber in den meisten Handschriften als „Thomas der Israelit" angegeben.

Die Abbildungen auf Seite 82, 85 und 87 stammen aus der Hand der Autorin

Literatur

Arvid Ley „DasSeptum" Im Projekt der Neurowissenschaftlichen Gesellschaft e.V. „das Gehirn.info" im Internet veröffentlicht am 9.9.2011 unter der wiss.Betreuung von Prof.Dr.J.F. Staiger

Dr. Barbara Ann Brennan I „Licht -Arbeit" 16.Auflage München 1998

Dr. Barbara Ann Brennan II „ Licht- Heilung" 10. Auflage München 1994

DUDEN „Das Herkunftswörterbuch, Die Etymologie der deutschen Sprache, Mannheim 1963

Milton Erickson (1952/1995) „Tiefe Hypnose und ihre Induktion", in Hrsg. Rossi EL„Gesammelte Schriften von Milton. H. Erickson", Heidelberg

Prof.Dr. Brian Green „Das elegante Universum", deutsche Übersetzung, Siedler Verlag

Ranjit Sen Gupta „Pranayama", Fulda, 2005, 1.Auflage

Pavlina Klemm „Lichtbotschaften von den Plejaden", Hanau 2016, 1. Auflage

Pim van Lommel in Johann Nepomuk Meier, Illusion Tod" Jenseits des Greifbaren II , Schönberg, 2017, 1.Auflage

Rolf Oerter „Moderne Entwicklungspsychologie" Donauwörth 1977. 7.Auflage

Pramahansa Hariharananda „Kriya Yoga", München, 2004, 3. Auflage

Pramahansa Yogananda (1) „ Der Yoga Jesus" , Los Angeles, Kalifornien USA, 2. deutsche Taschenbuchausgabe 2011

Pramahansa Yogananda (2) „ Die Wiederkunft Christi in uns" Band 1, USA , Ausgabe 1

Jonathan Landaw, Stephan Bodian, Reinhard Engel, „Buddhismus für Dummies",Weinheim 2017, 2. Auflage

Dirk Revensdorf, Burghard Peter (Hrsg.) „Hypnose in Psychtherapie, Psychosomatik und Medizin. Heidelberg 2009, 2. überarbeitete Auflage

Michael Schredl „Träume - unser tägliches Kopfkino", Berlin, 2007, 1. Auflage

Dipl.Informatiker und Bewusstseinsforscher Marius Schumacher „Verschränkung von Quanten" You Tube Video 02.08.18,
www. zeitwandel.info index. php/geist über Materie.html

Lynn Mc Taggert „Null Punkt Feld" 2. Auflage, München 2007